한국병합 110년만의 진실

조약에 의한 병합이라는 기만

와다 하루키和田春樹 지음

남상구·조윤수 옮김

지식산업사

한국병합 110년만의 진실
-조약에 의한 병합이라는 기만-

초판 1쇄 인쇄   2020. 6. 3.
초판 1쇄 발행   2020. 6. 15.

지은이   와다 하루키
옮긴이   남상구·조윤수
펴낸이   김경희
펴낸곳   (주)지식산업사
본사 ● (10881)경기도 파주시 광인사길 53
전화: 031－955－4226~7 팩스: 031－955－4228
서울사무소 ● (03044)서울시 종로구 자하문로6길 18－7
전화: 02－734－1978, 1958 팩스: 02－720－7900
누리집   www.jisik.co.kr
전자우편   jsp@jisik.co.kr
등록번호   1－363
등록날짜   1969. 5. 8.

책값은 뒤표지에 있습니다.

이 책에 대한 문의는
지식산업사로 연락해 주시기 바랍니다.

한국병합
110년만의
진실

조약에 의한 병합이라는 기만

와다 하루키 지음

남상구 · 조윤수 옮김

지식산업사

KANKOKU HEIGO 110NENGO NO SHINJITSU:

JOYAKU NIYORU HEIGO TOIU GIMAN

by Haruki Wada

© 2019 by Haruki Wada

Originally published in 2019 by Iwanami Shoten, Publishers, Tokyo.

This Korean edition published 2020

by Jisik Sanupsa Publishing Co., Paju

by arrangement with Iwanami Shoten, Publishers, Tokyo

through Shinwon Agency Co., Seoul.

신종 코로나바이러스 감염증(코로나19)의
세계적 확산 속에서 생각한다

2011년 3월 11일, 일본에서 동일본대지진이 발생하였다. 리히터 규모 9.0의 지진 에너지는 간토(關東, 관동) 대지진의 30배라고 하는데, 천 년에 한 번 일어날까 말까 한 거대한 지진해일을 일으켰다. 도호쿠東北의 태평양 연안 마을은 완전히 궤멸되었고, 2만 명에 가까운 인명을 빼앗아 갔다. 후쿠시마福島 원전은 지진해일로 자가발전 장치가 고장나 모든 냉각 기능이 마비되면서 3개의 원자로가 폭발을 일으켰다. 지진, 지진해일, 원자력 피해는 일본 도호쿠 지방에 엄청난 타격을 주었다.

이 고난에 대처할 때 일본인에게 큰 힘이 되어 준 것은 이웃 나라, 그리고 세계 각지 사람들이 보내 준

지원과 격려였다. 나는 한겨레신문이 요청한 캠페인 '일본에 희망을'에 참여하여 다음과 같이 기고하였다.

"나는 도호쿠 대지진이라는 천 년에 한 번 있을 고난 이 동북아시아 사람들의 마음을 묶어 주고 있다는 걸 느낀다. 죄지은 자는 죄를 뉘우치고, 원한이 있는 사람 은 원한을 넘어서서 화해하고 협력해서 새로운 공동의 집을 짓고 지구, 자연과의 공생으로 나아가기를 바란 다."(「일본에 희망을」 '고난' 나누는 동북아 원한 넘어 공생 으로, 2011년 3월 22일자 한겨레신문 발췌)

하지만 나의 희망이 한국 사람들에게 제대로 전달 됐는지는 알 수 없었다. 이러한 위기 속에서는 여러 국민들 사이를 갈라놓은 많은 역사적인 문제를 더 고 민할 필요는 없다, 과거를 모두 잊고 미래를 위해 서 로 협력하자는 것이 내가 하고 싶었던 말은 아니었 다. 새로운 협력이라는 역사의 장을 펼치기 위해서 더는 미루지 말고, 한시라도 빨리 확실하게 과거의 역사 문제를 해결해야 한다. 죄지은 자가 죄를 뉘우 치고 사죄해야 원한이 있는 사람이 원한을 넘어선 용서가 가능하다.

그로부터 벌써 9년이 흘렀다. 동북아시아는 2016년 즈음부터 북미 전쟁의 위기라는 먹구름에 휩싸인 채 두려운 시간을 경험하였다. 평창 동계올림픽을 계기로 겨우 북미 평화 프로세스 개시의 서광이 비치기 시작하였고 안도할 수 있게 되었다. 하지만, 북미 간의 벽은 단단해서 쉽게 허물어질 것 같지 않다. 이러한 가운데 2019년 초부터 아베安倍 정권은 무모하게도 한국에 대한 적개심을 불태웠고 한일관계를 최악의 상태로 몰아넣었다. 나는 일본 안에서 "한국은 '적'인가"라는 성명을 내고 확산시키는 운동에 동참하였다. 그 성명에 인터넷을 통해 9,000명이 즉각 서명하였고, 4,000명이 동참의 뜻을 표시했다. 이 사실은 우리의 우려가 확산되고 있음을 보여 주었다. 2019년 말은 믿기 어려운 반시대적 정신적 혼란이 다소 후퇴하는 것처럼 느껴지기 시작한 때였다.

올해 초부터 신종 코로나바이러스 감염증의 파도가 동북아시아에 시작되어 중국, 한국, 북한, 일본을 덮쳤고 눈 깜짝할 사이에 유럽에서 미국으로 퍼졌다. 세계 최고의 문명국으로 꼽히던 미국에서 감염자가 현재 연일 3만 명씩 증가하고 있고 날마다 3천 명이나 사망하는 참상을 보이고 있다. 무서울 만큼 세계적인 파국이다. 세계 어디서나 사람들은 필사적으로 이 바이러스라는 재앙과 싸우고 있다. 부분적인 억제에 성공한 중국과 한국의 대응은 우리에게 희망을 준다. 지금 일본 국민 중에는 한국 정부와 국민의 바이러스 대응에 감탄하며 한국을 배우자는 목소리가 높아지고 있다.

이번 신종 바이러스 팬데믹이 글로벌화한 우리 생활의 결과라는 사실은 분명하다. 이에 맞서는 사람들의 대응 역시 당연히 글로벌화된 것이어야 한다. 설령 감염을 막기 위해 일시적으로 국경을 폐쇄하고 사람들의 왕래를 차단한다고 하더라도 그 바탕에는 국경을 넘어 민족을 초월한 인류 연대, 지역 연대, 전세계적 상호 원조 의식이 있어야 한다. 인류 공생, 협력의 새 시대를 열지 않으면 인류의 생존은 불안할 수밖에 없다.

중국과 한국이 바이러스라는 재앙을 부분적으로 억제하는 데 성공했다고 하더라도 조선민주주의인민공화국 사람들은 어떻게 이 재앙과 싸우고 있는지 아직 밝혀지지 않았다. 미국과 일본이 주도하는 제재, 전면적인 경제 봉쇄로 말미암아 국제사회로부터 완전히 고립된 이 나라 사람들의 생존 노력이 얼마나 어렵고 비참한지는 상상조차 할 수 없을 정도다.

일본은 신종 코로나바이러스 감염증이라는 재앙과 싸우고 있고 그 끝이 보이지도 않는 상태에 놓여 있다. 앞으로 새로운 자연재해가 닥쳐온다는 사실도 밝혀졌다. 수도 도쿄에는 직하형直下型 지진이 일어날 것으로 예상된다. 향후 30년 동안 이 지진이 일어날 확률은 70%이며 이 지진이 발생하면 사망자는 2만 3천 명에 달할 것으로 예상된다. 그뿐만이 아니다. 일본에서는 간토関東 이남, 규슈九州까지의 태평양 연안 지방 전체를 덮치는 도카이東海·도난카이東南海·난카이南海 지진이 예상되고 있다. 그 가운데 도난카이 지진도 같은 시기에 같은 확률로 일어날 것이고 비슷한 수의 사망자가 나올 것으로 예상되고 있다. 일본 정부는 이미 이 두 지진에 대한 방재대책을 위해 특별조치법을 제정하였다.

게다가 동북아시아 지역 사람들은 전 세계 사람들과 함께 지구 온난화에 따른 환경과 기상의 급격한

악화에 똑같이 직면하고 있다. 원자력 발전, 석탄화력 발전과 결별하고 자연 에너지 이용이라는 새로운 문명으로 전환하는 일은, 이 지역 정부와 시민이 마주한 공통의 과제다.

그렇기에 우리는 과거부터 매달려 온 모든 역사 문제를 신속하고 진지하게 해결하는 일에 나서야 한다. 우리가 직면한 대내외적 위기와 위협에 함께 손잡고 대처하기 위해서는 과거의 역사 문제로부터 자유로워야 하기 때문이다. 일본은 75년 전에 끝난 조선의 식민지 지배에 대해서 명확한 인식을 가지고 강제 병합과 그 후의 지배에 대해 최종적으로는 사죄해야 한다. 한국에 대해서는 한일기본조약 제2조에 대한 한국 측의 해석을 받아들인다고 밝혀야 한다. 북한에 대해서는 북일 국교 정상화를 실현해야 한다. 전시에 동원된 조선인 노동자들의 요구에 대해 조속히 협의하여 결정하고 조치해야 할 것이다. 러시아, 한국, 중국과의 영토 문제를 패전 후 75년 동안이나 제기해 온 어리석음을 인정하고 즉각 이성적인 합의를 도출하여 기본적으로 문제를 해소해야 한다. 물론 역사 문제가 한 번에 해결된다고 생각하는 것은 환상에 지나지 않는다. 우선 기본적인 해결을 도모한 후에 이를 의미 있게 만들어 나가야 할 것이다. 이를 위해서는 오랜 시간 속에서 쌍방의 지속된 노력이 필요하다는 것은 두말할 필요도 없다.

지금이야말로 죄지은 사람은 죄를 뉘우치고 원한이 있는 사람은 원한을 넘어서서 화해하고 협력해서 새로운 공동의 집을 짓고 흔들림 없는 지역의 평화, 지구, 자연과의 공생으로 나아가야 할 때다.

마지막으로 책을 읽고 한국어판 출판을 권해 주신 이태진 선생님, 출판을 맡아 주신 지식산업사 김경희 사장님께 감사드린다.

2020년 4월 19일
일본 도쿄에서
와다 하루키和田春樹

차 례

외국의 인명·지명은 모두 외래어 표기법에 따랐으나, 이해를
높이기 위해 한자식 독음을 사용한 것이 있다.

시작하는 글

　2019년 여름 한일관계는 국교수립 후 54년 만에 최악의 대립상태에 빠졌다. 일본 수상과 외상은 한국 정부에게 1965년 한일조약과 청구권협정을 위반하는 행동을 하지 말라며, 조약과 협약을 지키지 않는 것은 국제법 위반이라고 주장하였다. 이러한 말들을 듣고 있자면 1910년 한국병합조약도 존중하라, 일본의 식민지 지배는 조약에 근거한 행동이었다고 주장하는 것 같다.

　분명히 1910년 8월 22일 데라우치 마사타케寺內正毅와 이완용이 서명한 조약이 남아 있다. 그러나 조약의 체결은 비밀에 붙여졌고 7일 후인 8월 29일 한국을 병합한다는 일본제국 천황의 조서가 공포될 때

비로소 함께 발표되었다. 그날 대한제국은 소멸되었고 영토 전체가 일본제국에 병합되었다. 그리고 조선이라 불리게 되었다. 이후 일본의 식민지 지배가 35년 동안 계속되었다.

1945년 8월 15일 일본제국이 항복하면서 조선은 식민지 상태에서 해방되었다. 미군은 일본을 단독으로 점령하였다. 하지만 한반도는 불행하게도 미국과 소련에 의해 분할 점령되었다. 1948년 서울에는 대한민국이, 평양에는 조선민주주의인민공화국이 건국되었다. 1950년 조선인민군이 무력통일을 목표로 남쪽을 침공하여 한국전쟁이 시작되었다.

일본을 점령하고 있던 미군은 즉시 출동하여 참전하였다. 일본은 미군을 따라서 자동으로 한국 편에서 전쟁에 협력하였다. 일본은 1951년 강화조약을 체결하고 독립하였다. 그리고 아직도 한창 전쟁 중인 한국과 국교 수립을 위한 교섭을 시작하였다. 이 교섭에서 한국 측은 병합조약은 무효라고 주장하였다. 일본 정부는 유효하다고 주장하였다. 1965년 한일조약 체결에서는 이 원칙적인 대립의 해결을 뒤로 미루었다. 정식문서인 영문을 서로가 유리하게 자국어로 번역하고 제2의 정식문서라고 자국민에게 설명하는 방식을 택하였다.

영문 정식문서에 기본조약 제2조는 "It is confirmed that all treaties or agreements concluded between the Empire of Japan and the Empire of Korea on or before August 22, 1910 are already null and void."라고 되어 있다. 이것을 일본어로는 "1910년 8월 22일에, 혹은 그 이전에 대일본제국과 대한제국 사이에 체결된 모든 조약 및 협정은 もはや無效である, 즉 '이제 무효라는' 것이 확인된다"고 번역하였다. 계속 유효하였던 것이 지금은 무효가 되었다고 해석한 것이다. 이에 반해 한국은 "이미 무효임을 확인한다"고 번역하였다. 당초부터 무효였다고 해석한 것이다.

일본에서는 사토 에이사쿠佐藤栄作 수상이 조약 비준을 위한 국회에서 다음과 같이 답변하였다.

"당시 대일본제국과 대한제국 간에 조약이 체결된 것입니다. 이것이 여러 오해를 가져오고 있는 것 같습니다만, 조약이기 때문에 이것은 양자의 완전한 의사, 평등한 입장에서 체결되었다는 것은 제가 말씀드릴 것까

지도 없습니다. 따라서 이러한 조약은 각각 효력이 발생하였던 것입니다."

유효한 조약의 체결이고 양자의 합의에 근거한 병합이기 때문에 사죄도 반성도 필요 없다는 것이 일본 정부의 입장이었다. 한편 이러한 일본 측의 주장에 동의하지 않는 것이 한국 국민들의 일반적인 입장이었음은 분명하다.

그러한 의미에서 1965년 한일조약은 양국의 역사인식이 정반대라는 것을 드러낸 하자가 있는 조약이었다고 할 수밖에 없다. 따라서 한일 양국 간에 역사인식을 둘러싼 대립이 표면화하는 것은 피할 수 없는 일이었다.

대립이 드러나면 그것을 극복하려는 움직임도 나타난다. 그러나 그 움직임은 너무나도 느렸다. 1987년 한국에서 민주주의 국민정부가 탄생하였다. 그로부터 8년이 지난 1995년 8월 15일 자민당·사회당·사키가케 3당 연립 내각의 수상이었던 무라야마 도미이치村山富市는 각의결정을 거쳐 총리담화를 발표하였다. "식민지 지배와 침략"에 의해 "아시아 여러 나라 사람들에게 다대한 손해와 고통을 주었다"는 것을 인정하고 "통절한 반성"과 "마음으로부터의 사죄"를 표명하였다. 이 담화는 병합조약의 유효성에 대한 일본 정부의 공식견해를 논의 대상으로 하였다. 그해 11월 14일 아사히朝日신문 지면에서 당시 도쿄대학 교수였던 필자와 1965년 협정 당시 외무성 북동아시아과장 구로다 미즈오黑田瑞夫가 토론하였다. 필자는 다음과 같이 주장하였다.

"당시 국제사회에서 병합조약은 열강들이 유효하다고 인정하였고 일본의 한국병합도 승인하였다. 그러나 지금 되돌아보면 조선민족의 의사에 반하여 강제된 병합조약은 일본의 한국병합, 식민지 지배를 어떠한 의미에서도 합법화, 정당화할 수 없다는 사실을 인정하여야 한다. 그러한 의미에서 조약은 당초부터 무효였다고 생각한다. … 그렇기 때문에 한일기본조약 제2조 해석의 차이는 일본이 … 한국 측의 해석을 받아들여 통일하는 것이 유일한 현실적인 길이다."

이에 대해 구로다 미즈오는 다음과 같이 주장하였다.

"일본 측은, 병합조약 등 구조약은 체결 당시 국제법상 조약의 체결을 무효로 할 수 있는 조건인 체결자의 신체에 대한 위협과 협박이 없었기 때문에 유효하게 체결한 것이며, 구조약이 효력을 상실한 것은 샌프란시스코 평화조약에 의해 우리나라가 조선의 독립을 승인한 때라는 입장을 견지하여 왔다. 구조약이 처음부터 무효였다고 한다면 36년에 걸쳐 쌓아올린 공법상 또는 사법상의 법률관계가 뒤집힐 우려가 있다. 게다가 청구권 문제 교섭에도 영향을 줄 가능성이 있다. 도저히 받아들일 수 없었다."

이것은 새로운 국면에서의 논쟁의 시작이었다. 1998년부터 2000년 말에 이르는 시기에 잡지 《세카이世界》에서 한일 역사학자, 법률가가 이 문제로 논쟁을 벌였다. 논쟁의 중심인물은 서울대학 이태진 교수와 메이지대학 운노 후쿠주海野福寿 교수였다. 이 교수는 병합조약에는 체결 절차상 결함과 조약 형식상 하자가 있기 때문에 원천적으로 성립할 수 없는 조약이고 따라서 무효라고 주장하였다. 운노 교수는 병합조약은 "부당하나 법적으로는 유효하게 체결되었다"며 물러서지 않았다.

2010년에는 한국병합 100년을 맞아 일본 지식인 500명과 한국 지식인 500명이 공동성명을 발표하고 "'한국병합'에 이른 과정이 불의부당하듯이 '한국병합조약'도 불의부당하다"고 주장하였다. 그리고 한일기본조약 제2조에 대해서는 한국 측의 해석, 즉 병합조약은 "당초부터 무효였다"는 해석으로 통일할 것을 제안하였다. 이 성명에 화답하듯이 간 나오토菅直人 수상은 8월 10일, 각의결정에 따라 한국병합 100년 총리담화를 발표하여 "3·1운동 등의 격렬한 저항에서도 나타났듯이, 정치·군사적 배경 하에 당시 한국인들은 그 뜻에 반하여 이루어진 식민지 지배에 의해 국가와 문화를 빼앗기고, 민족의 자긍심에 깊은 상처를 입었습니다"고 인정하였다. 다만 이 담화도 병합조약 문제는 다루지 않았다.

오늘날도 여전히 병합조약은 합법적이었고 조약에 의한 한국병합은 정당하다는 것이 일본 정부의 공식견해다. 1965년 한일기본조약 제2조의 일본 측 견해를 유지하고 일본의 식민지 지배를 변호하는 최후의 보루가 되고 있다. 일본과 한국, 조선 사람들의 역사인식 대립은 여기에 원천이 있다고 해도 과언은 아닐 것이다.

이 책의 목적은, 일본제국 정부가 한국병합 방침을 각의 결정한 1909년 봄부터 병합이 실행된 1910년 8월까지의 기간을 대상으로 하여, 아시아역사자료센터에 소장된 병합 관련 서류를 검토하고 지금까지 알려지지 않았던 병합 실행 과정을 명확하게 밝히는 것이다. 지금까지 병합은 병합조약의 조인에 의해서만 이루어질 수 있다고 믿어 왔다. 병합에 관한 연구도 예외 없이 그러한 주장을 되풀이해 왔다. 그러나 그것은 커다란 환상이었다.

2010년 성명을 발표한 한일 발기인단은 그 후에도 이 문제에 대하여 연구하고 토론을 거듭하여 왔다. 이태진 교수는 병합조약의 조인 과정을 깊이 연구하였고 윤대원은 아시아역사자료센터에서 병합에 관한 새로운 자료를 발견하여 정밀하게 분석하였다. 필자는 일본 정부 내부에 조서병합론과 조약병합론이 있었다는 사실을 발견하였다. 가스야 겐이치糟谷憲一 교수는 병합조서의 의의를 강조하였다. 필자가 이러한 연구와 토론을 총괄하였다. 그리고 가스야 겐이치 교수의 도움을 받아 이 책을 완성하게 되었다.

이 책의 토대가 된 연구는 다음과 같다.

이태진·이상찬 편, 《조약으로 본 한국 병합―불법성의 증거들》, 동북아역사재단, 2010.

윤대원, 《데라우치 마사타케 통감의 강제병합 공작과 '한국병합'의 불법성》, 소명, 2011.

와다 하루키, 〈병합조약의 무효성과 병합의 현실〉, 한일공동성명 제2차 회의, 2011년 8월 29일, 서울 보고.

이태진, 〈'한국병합조약'에 관해서 양국 황제 조칙이 갖는 비준 효과에 대하여〉, 《한일 역사문제를 어떻게 풀 것인가》, 이와나미서점, 2013.

가스야 겐이치, 〈'한국병합조약'의 무효성과 '병합조서'〉, 위의 책, 2013.

와다 하루키, 〈데라우치 통감의 한국병합 수법에 대하여〉, 한일공동성명 제3차 회의, 2014, 서울 보고.

윤대원, 〈'한국병합'의 방법과 조슈번長州藩 군부〉, 한일공동성명 제4차 회의, 2014, 도쿄 보고.

이태진, 《일본의 한국병합 강제 연구―조약 강제와 저항의 역사》, 지식산업사, 2016.

제1장

러일전쟁 후 일본의 한국 지배

제1장 사진: 러일전쟁 초기 남대문로의 일본군
(이태진, 《일본의 한국병합 강제 연구》, 94쪽)

한국을 보호국으로 만든 일본

1905년 9월 러일전쟁이 끝났다. 하지만 일본은 대한제국에 대한 군사점령을 계속하였다. 포츠담 강화조약 체결 2개월 뒤 이토 히로부미伊藤博文가 서울에 부임하여 황제 고종과 그의 정부에 제2차 한일협약, 이른바 을사조약 조인을 강요하였다. 조약 제1조에서 "일본국 정부는 … 외무성을 통하여 앞으로 한국의 외국과의 관계 및 사무를 감리 지휘"할 것을 정하고, 제2조에서 "한국 정부는 앞으로 일본국 정부의 중개를 거치지 않고서는 국제적 성격을 띤 어떤 조약이나 약속도 하지 않기로" 약속하였다. 외교 관리를 위하여 일본에서 통감이 파견되었다. 초대 통감으로 이토 히로부미가 취임하였다. 이리하여 대한제국은 일본의 지

사진 Ⅰ 이토 히로부미 초대 통감

배하에 들어갔다. 이른바 보호국이 되었다. 지금까
지 대한제국과 외교관계를 맺고 있던 각국은 이 사
태를 인정하여 한성(서울)의 공사관을 폐쇄하고 공
사들을 퇴거시켰다. 영국, 독일, 프랑스, 러시아, 미
국, 영국의 6개국은 영사관을 그대로 두었다.

보호국이란

보호국이란 어떠한 상태를 말하는가? 동시대의 일

사진 2 고종 황제

본 국제법 학자들은 보호국 범주에 대하여 검토를 하고 논쟁을 벌였다. 아리가 나가오有賀長雄는 보호국을 4종으로 나누고 한국을 제2종 보호국으로 규정하였다. 독립국의 권리를 갖고 있지만 그것을 자유롭게 행사할 수 없고 일부분의 행사는 보호하는 국가의 의사에 따라 제한되는 국가가 이에 해당한다고 보았다. 한편 다치 사쿠타로立作太郎는 보호국을 "보호하는 국가와 맺은 보호조약에 기초하여 … 내지 외교, 특히 외교관계에서 제한을 받는 국가"로 규정하였다. 나아가 "피보호국의 외교기관이 직접 제3국의 외교기관과 교섭할 수

있는" 것을 갑종 진정真正 보호국으로, 보호국이 대외
관계에 대해 피보호국을 대표하고, "피보호국의 외교
기관이 직접 제3국의 외교기관과 교섭하는 것"을 을종
진정 보호국으로 분류하였다. 을사조약 이후 한국은
을종 진정 보호국이라고 규정하였다.[1]

2010년 한국인 유학생 이주선은 《역사학연구歷史學
研究》에 획기적인 논문을 발표하였다. 그는 1906년 6월
11일부터 7월 6일 사이에 조인된 개정 적십자조약에
는 전문前文에 한국 황제 이름이 조약 체결자로 되어
있지만, 실제 전권 위임자로 명기 조인한 것은 벨기에
주재 일본공사였다는 사실, 이 조약을 둘러싼 논의 중
에 하야시 곤스케林權助 외상이 "한국 외교와 관련된
일에 한국 황제의 이름은 일체 사용하지 않는다"고 발
언하였고 이후 한국 황제의 이름은 대외적으로는 상실
되었다는 사실을 명확하게 밝혔다.[2] 즉 대한제국은 외

[1] 田中慎一, 〈保護国問題-有賀長雄·立作太郎の保護国論争〉, 《社会科學
研究》 제28권 제2호, 138~139, 146쪽.

[2] 李圭先, 〈《保護国》體制下における大韓帝国の外交主権〉, 《歷史學研究》,
2020, 5월호(No. 866), 16~17쪽. 이것은 이주선이 나고야名古屋
대학에 제출한 박사논문 〈日本帝国の《保護国》〉, 2010의 일부.

국과 조약을 체결할 수 없는 국가가 되었다는 것이 그가 도출해 낸 중요한 결론이다.

러시아 정부의 새로운 방침

통감 이토 히로부미는 "오로지 외교에 관한 사항을 관리한다"고 하였으나, 당초부터 "일본 정부의 대표자"로서 황제 고종에게 압력을 가하여 한국의 전 국토와 전 인민에 대한 지배를 강화하였다. 고종은 이에 저항하여 을사조약은 강제된 것으로 무효임을 비밀리에 여러 나라에 지속적으로 호소하였다. 그러나 러일전쟁 직후에는 일본이 한국 지배를 결정적인 수준으로 끌어올리는 것을 저지하려고 하였던 러시아 정부마저, 람스도르프를 대신하여 이즈볼스키가 외상이 되자 한국 문제에 대해 매우 소극적인 태도를 취하게 되었다.

이즈볼스키는 주일공사였을 때에는 고종의 한국 중립구상을 지지하였으나, 외상이 되자 일본과 화해하여 동방의 안정을 추구하는 방침을 내세웠다.[3] 하야시 다다스林董 외상도 1907년 1월부터 러시아와 협상의 가능성을 모색하기 시작하였다. 2월 18일 마침내 이즈볼스키 외상 측에서 러일협상 문안을 제안하였다. 주러 공사 모토노 이치로本野一郎는 강경하게 "한국에서 평온한 상태를 확립하기 위해서는 동국(同国, 역자 주: 대한제국)을 우리나라에 병합하는 것 외에는 방법이 없다"고 명확하게 발언하고 러시아로부터 양해를 받아내는 것이 필요하다고 외무성 본부에 제안하였다.[4] 그러나 3월 3일 개최된 원로회의에서는 한국 조항은 "이 관계의 앞으로의 발전을 방해하고 또 간섭하지 않는다는 것을 약속한다"라는 애매한 표현으로 해 두기로 결정하였다.[5] 일본의 제안을 받은 이즈볼스키는 3월 11일 모토노 공사와 회담하고 '앞으로의 발전'이란 무엇을 의미하는지를 질문하였다. 모토노는, 일본이 한국병합을 생각하고 있다는 것을 알고 있으면서도 이러한 질문을 한 것은 일본 측의 생각을 확실하게 표현하도

---

3 Boris D. Pak, *Rossiia i Koreia*, Moscow, 2004, p.392.

4 《日本外交文書》 제40권 제1책, 105쪽.

5 위의 책, 109쪽.

사진 3 러시아 외상 알렉산드르 이즈볼스키

록 하여, 몽골 방면에서 보상을 받아내려는 심산일 것이라고 외무성 본부에 보고하였다.[6]

이 교섭의 경과를 알게 된 서울의 이토 통감은 3월 30일 "한국 문제 때문에 또 다시 분쟁을 일으키지 않을 것"이라고 한국 문제를 명기하고 러시아와 합의하도록 요구하였다. 이토는 "한국은 최근 배일 고취 기세가 높아지고, 계속해서 구미인의 기색을 살피는 시기"라며 위기의식을 고조시키고 있었다.[7] 이토의 생각

---

6 앞의 책, 116쪽.

깊은 곳에는 한국 문제를 다룬 포츠머스 조약은 "러일 양국이 서로 이의異議를 제기할 수 있는 여지를 남겼다"는 판단이 있었다. 따라서 이번 협상에서 "러일전쟁의 주안점"이었던 "한국 문제를 완전하게 해결"하여야 한다고 주장하였다. 이에 대하여 하야시 다다스 외상은, 포츠머스 조약에서 러시아는 일본이 한국에서 취한 "지도 보호 및 감리 조치"를 인정하였고, 1906년에 플랜슨을 서울 영사로 보낼 때에도 결국 신임장을 일본 정부에 제출하여 한국이 일본의 보호국이라는 것을 승인하였다고 보았다. 따라서 '앞으로의 발전'이 무엇인지 구체적으로 언급하면서 러시아와 협정을 체결하는 것은 일본에게 유리하지 않다고 생각하였다.[8]

---

7 앞의 책, 118쪽.

8 앞의 책, 155~156쪽; 小川原宏幸, 《伊藤博文の韓国併合構想と朝鮮社会》, 岩波書店, 2010, 136~139쪽.

러일협상 조인 이후

이즈볼스키는 4월이 되자 병합은 보증하여도 좋으나, 그럴 경우에는 일본도 몽골에 대하여 "상당한 보장을 할 필요가 있다"고 회답하였다.9 이 점을 둘러싸고 우여곡절이 있었으나 1907년 7월 30일 마침내 러일협상이 조인되었다. 이 협상에서 러시아와 일본은 남북 만주에서의 세력범위를 규정하고 한국, 내몽골에서 각각의 특수이익을 존중하기로 합의하였다. 게다가 러시아는 비밀협약 속에 일본과 한국 간의 조약과 협정에 근거하여 존재하는 "정치와 관여된 일에 대한 이해 공통관계를 승인하고", 그 관계가 "점점 발전하고 있는 즈음에 이것을 방해하거나 또는 여기에 간섭하지 않는다는 것을 약속한다"고 하였다.10

고종은 1907년 6월 러시아 황제가 주도한 헤이그 평화회의에 3명의 특사를 파견하여 한국의 주장을 호소하려고 하였다. 하지만 이제는 기대할 수 없게 되었

---

9 《日本外交文書》 제40권 제1책, 129쪽.
10 위의 책, 174쪽.

다. 러시아 정부는 한국 대표의 회의 참가조차 거절하였다. 한국 지배에 대하여 러시아의 최종적 지지를 얻게 된 일본은 고종에 대하여 강경한 태도를 취하였다. 7월 20일 이토 통감은 고종을 퇴위시키고 아들 순종에게 양위시켰다. 한성에서는 민중이 격분하여 들고 일어났다. 이들은 이완용의 집에 불을 질렀다. 7월 24일 이토는 내정의 지휘권을 통감이 장악하는 제3차 한일협약(정미칠조약) 조인을 이완용에게 강요하였다.[11] 이후 "한국 정부는 시정 개선에 관하여 통감의 지도를 받게" 되었고, "법령의 제정과 중요한 행정상의 처분은 모두 통감의 승인을 거치게" 되었다. 그리고 러일 협상 조인 7일 후인 7월 31일에는 이토 통감이 작성한 한국 군대를 해산하는 황제 조칙이 공포되었다.[12] 소수의 왕궁 경비 부대를 제외한 군대는 전부 폐지되었다. 이번에는 한국 전 국토에서 분노가 폭발하였다. 의병 봉기가 각지에서 일어났다. 서울에서도 시가전이

---

[11] 이태진·이상찬 편, 《조약으로 본 한국 병합 - 불법성의 증거들》, 동북아역사재단, 2010, 185~186쪽.
[12] 위의 책, 192~193쪽.

벌어졌다. 이러한 상황에 직면하자 일본의 한국 경영은 완전히 동요하였다.

신체제하에서는 한국 정부의 모든 대신 밑에 일본인 차관이 임명되었고 그들이 행정의 실권을 장악하였다. 그러나 그것으로 한국민들의 격분을 잠재울 수 없었다. 일본에서는 조선에 대한 직접 통치, 완전 지배를 기도하는 움직임이 나타났다.

일본 정부의 병합 단행 시정방침 결정

제2장 사진: 1905년 일본제국의 전권외상 고무라와 러시아 재무
장관 비테의 포츠머스 회담 장면

보스니아-헤르체고비나 병합

1908년 8월 제2차 가쓰라 타로桂太郎 내각이 탄생하고 고무라 주타로小村壽太郎가 외상에 복귀하였다. 그 직후인 10월 7일 오스트리아-헝가리가 보스니아-헤르체고비나를 병합하였다. 고무라가 이 사건을 주목하지 않았을 리 없었다.

보스니아-헤르체고비나는 세르비아인, 크로아티아인 등 남슬라브인이 사는 지역이었으나, 15세기 이래 4백년 동안 오스만 제국의 지배 아래에 있었다. 러시아-투르크 전쟁 후의 혼란을 조정한 1878년 베를린 회의에서 남슬라브 여러 나라의 독립이 인정되었다. 그리고 보스니아-헤르체고비나 지역은 터키 지배에서 벗어나 오스트리아 제국의 행정권 아래로 들어가는 것이 인정되었다. 그리스정교도인 세르비아인은 이슬람교도

사진 4 고무라 주타로 외상

화한 사람들과 갈라져 자치를 요구하는 운동을 시작하였다. 1908년 7월 터키에서 청년 터키 혁명이 일어나자, 이 지역의 이슬람계 운동이 활발해질 것을 우려한 오스트리아는 보스니아-헤르체고비나 병합을 강행한다는 방침을 정하였다. 이 방침을 9월 러시아-오스트리아 외무장관 회담에서 러시아에 통고하였다. 그러자 러시아는 이익을 얻기 위해 스포르스-다다넬스 해협 개방을 요구하였다. 러시아는 이 건을 다룰 국제회의 개최도 요구하였으나 합의를 얻어내지는 못하였다.

이러한 상황에서 10월 7일, 오스트리아는 보스니아-헤르체고비나 병합을 실행하였다. 병합을 선언하는

황제의 서한을 각국에 보내고 황제의 칙서를 발표하였
다. 러시아는 강하게 반발하였다. 세르비아 정부는 국
경에 군대를 배치하여 견제하였다. 오스트리아도 군대
를 움직여 대항하면서 긴장이 고조되었다. 그러나 영
국과 프랑스는 러시아가 요구하는 국제회의 개최를 지
지하지 않았다. 러시아 정부도 전쟁을 할 수는 없었
다. 1909년 3월이 되자 독일이 이 병합을 인정하도록
러시아에 최후통첩을 보냈다. 러시아는 결국 굴복하지
않을 수 없었다.ᴵ

고무라의 병합 의견서

고무라는 이 경과를 주의 깊게 주시하였을 것이다.
그리고 1909년 초에는 일본도 한국 병합을 단행할
수 있으며, 단행하여야 한다는 주장을 굳혔을 것이다.

ᴵ See K.B. Vinogradov, *Bosniiskiikrizis1908-1909gg.* Leningrad,
1964.V.I.Bovykin, OcherkiistoriivneshneipolitikiRossii.KonetsXIXveka—917goda.
Moscow, 1960, pp.70~89.

고무라는 구라지 데쓰키치倉知鐵吉 정무국장에게 요지를 알려 주고 의견서 기초를 작성하도록 하였다. 완성된 구라치안에 가필을 하여 〈대한對韓 방침〉과 〈대한 시정施政 대강〉이라는 2개의 문서로 정리한 후 3월 30일 가쓰라 수상에게 제출하였다.

가쓰라는 고무라의 한국병합 단행 의견에 동의하였다. 가쓰라와 고무라는 4월 10일 귀국한 통감 이토 히로부미와 회담하였다. 이토가 병합 단행 방침에 다른 견해를 제시할 것으로 생각하였지만, 그는 회담에서 병합단행 방침을 순순히 받아들였다.[2] 이토는 6월에 통감을 그만두었다. 고무라 외상이 제출한 2개의 문서는 7월 6일 각의에서 결정되었다. 한국병합 단행 각의 결정은 그날 바로 천황의 재가를 받았다.

제1문서인 〈대한 방침〉은 (7월 6일) 각의에서 결정될 때 〈한국병합에 관한 건〉으로 명칭이 바뀌었다. 전문은 다음과 같다.

---

2 小松綠, 〈朝鮮倂合之裏面〉, 《明治人による近代朝鮮論》, 제16권, ぺりかん社, 1997, 437쪽; 倉知鐵吉, 〈韓国倂合の経緯〉, 같은 책, 746~749쪽.

제국의 한국에 대한 정책은 우리 실력을 해당 반도에 확립하고 그 파악을 엄밀하게 하는 것임은 말할 것도 없다. 일러전역(역자 주: 러일전쟁) 개시 이래 한국에 대한 우리 권력은 점차 커져, 특히 재작년 한일협약 체결과 더불어 동국(同國, 역자 주: 대한제국)에서 (이루어진) 시설은 그 면목을 크게 일신하였다고 하여도, 동국에서 우리 세력은 아직 충분히 충실하지는 못하다. 동국 관민의 우리에 대한 관계 역시 아직 만족스럽지 못하다. 이에 제국은 금후 더욱 더 동국에서 실력을 증진하고 그 근거를 깊게 하여 버외에 확고한 세력을 수립하는 것이 필요하다. 따라서 이 목적을 달성하기 위해 이 기회에 제국 정부가 아래의 큰 방침을 확립하고, 이에 기초하여 제반 계획을 추진할 필요가 있다.

첫째, 적당한 시기에 한국 병합을 단행할 것. 한국을 병합하여 제국帝国 판도의 일부로 만드는 것은 반도에 우리 실력을 확립하기 위한 가장 확실한 방법이다. 제국이 버외의 형세에 비추어 적당한 시기에 단호히 병합을 실시하여 반도를 명실공히 우리 통치하에 두고, 또 한국과 여러 외국과의 조약관계를 소멸시키는 것은 한국에 이익이 됨과 동시에 제국 백년의 장계長計가 된다.

둘째, 병합의 시기가 도래하니 병합의 방침에 기초하여

숭문하게 보호의 실천을 거두는 데 힘쓰고 실력을 쌓는 것을 도모해야 할 것이다. …

제2문서, 〈대한 시정 요강〉은 전체 5항으로 구성된 짧은 문서로 처음 부분은 다음과 같다.

첫째, 제국 정부는 기정 방침에 따라 한국의 방어 및 질서 유지를 담당하고, 이것을 위하여 필요한 군대를 동국同國에 주둔시키며, 또 가능한 한 다수의 헌병 및 경찰관을 동국에 증파하여 질서 유지 목적을 달성할 것. 둘째, 한국에 관한 외국교섭 사무는 기정방침에 따라 이것을 우리 손으로 확실하게 움겨쥘 것.3

이 고무라 의견서를 통하여 고무라가 한국병합을 일본 정부의 결정에 의해서 단행한다는 방침을 세웠다는 것을 알 수 있다.

---

3 《日本外交文書》 제42권 제1책, 179~180쪽.

보호국화도 통고로 실시할 생각이었던 고무라

사진 5 시어도어 루스벨트 미국 26대 대통령

고무라는 한국을 보호국화할 때 조약이 체결되지 못하면 일방적 통고로 관철시키는 방안도 염두에 두었다고 알려져 있다. 고무라는 포츠머스 강화조약 체결 후인 1905년 9월 15일 시어도어 루스벨트 대통령과 만났을 때 러시아 움직임이 한국 황제의 움직임과 연동되어 있음을 경계하면서 다음과 같은 이야기를 나누었다.

고무라: 한국이 뒤에서 음모를 꾸밀 가능성을 '절멸'시키기 위하여 일본이 한국의 외교관계를 떠맡는 것 외에 방법은 없다.

루스벨트: 일본이 그렇게 하는 것에 이의異議는 없다.

고무라: 만약 한국이 조약 체결에 응하지 않을 경우에는 일본은 일방적으로 보호국 설정을 선고할 수밖에 없다. 이에 대해서도 대통령의 양해를 구하고자 한다.

루스벨트: 그것도 지지한다.[4]

이 방침은 고무라의 제안에 따라 보호조약 체결을 목표로 결정한 1905년 10월 27일 각의 결정에도 포함되었다. 즉 "착수하는 데 도저히 한국 정부의 동의를 얻을 전망이 없을 때에는 최후의 수단으로 한국에게는 보호권을 확립한다는 취지를 통고하고, 열강에 대해서는 제국 정부가 위와 같은 조치를 취하는 것이 어쩔 수 없다는 이유를 설명"한다는 것이다.[5]

고무라는 조약을 체결하지 않고 일방적인 권고로 보호국화를 관철시키는 것이 가능하다고 생각하고 있

---

4 《小村外交史》, 612~613쪽; 海野, 앞의 책, 187쪽.

5 《日本外交文書》, 제38권 제1책, 527쪽.

었다. 그가 외교권이 없는 보호국인 한국을 일본 정부의 통고, 선언으로 병합할 수 있다고 생각한 것은 당연하다.

보호국화에서 병합으로 이어진 일반 사례

일반적으로 보아도 보호국을 병합하는 경우는 새로운 조약을 체결하지 않고 일방적인 선언으로 끝내는 것이 통상적인 방법이었다. 오래된 것으로는 러시아제국의 사례가 있다. 러시아는 1783년 8월 4일(러시아력 7월 24일) 그루지야 왕국과 보호국 조약을 체결하고 1801년 1월 30일(18일) 황제의 조서로 그루지야 왕국을 병합한다고 선언하였다.6

프랑스는 1883년 마다가스카르 왕국을 공격하였다. 1885년 12월 17일 보호조약을 조인시켜 외교권을 빼

---

6 1783년 조약에 대해선 Pod stiagom Rossii. Sbornik arkhivnykh dokumentov. Moscow, 1992, pp.238~247. 1801년 조서는 Ibid., pp.259~262.

앗았다. 그러나 10년 후 양국 간에 충돌이 발생하자, 프랑스는 1895년 10월 1일 내정권을 빼앗는 새로운 보호조약에 조인하도록 하였다. 그리고 다음 해 5월 30일에는 마다가스카르를 프랑스의 식민지로 만드는 법안이 프랑스 의회에 상정되어 가결되었다. 8월 6일자로 법이 공포되었고 이를 근거로 마다가스카르를 병합하였다.[7]

보스니아-헤르체고비나 병합의 경우는 오스트리아-헝가리 황제가 구주 5대국의 정상에게 병합 의사를 표명하는 서한을 1908년 9월 말에 보낸 뒤, 제국의회 개회 중인 10월 7일 황제 칙서로 병합을 선언하였다.

고무라의 조칙병합안

고무라는 그러한 전례를 염두에 두면서 구라치 정무

---

7 公文別錄·韓国併合ニ関スル書類(アジア歴史資料センター Ref A 03023677700), 15, 〈国家結合及国家併合類例〉, 46~51쪽.

국장에게 한국병합 실시 방법과 순서에 대하여 기초안을 만들 것을 지시하였다. 구라치가 만든 안에 고무라가 수정을 하여 수상에게 제출하였다.8 아시아역사자료센터에 소장된 한국병합 서류 중에 〈42년(역자 주: 1909년) 가을 외무대신안으로 각의를 통과하지 못한 건〉이라고 표기된 문서가 그것이다.9 제출된 시기는 1909년 가을이었다.

이 문서의 전문前文은 앞서 결정된 7월 6일 〈한국병합에 관한 건〉 각의를 상기시킨다. 전문은 다음과 같이 시작된다.

> 병합 실행의 시기 여하는 버외 정세에 따라서 결정해야 할 문제에 속하는데, 현재 이것을 예측할 수 없는 것은

---

8 小松綠, 1997, 438쪽.

9 公文別錄韓国併合ニ関スル書類 6, 〈韓国併合ニ関スル閣議決定書其三〉. 이 자료군에 처음으로 주목한 윤대원은 이 자료의 두기頭記도 정확하게 읽고 있는데, 이것을 "1909년(메이지42년) 가을 이후 각의에서 결정되었다"고 해석(윤대원, 《데라우치 마사타케 통감의 강제 병합 공작과 한국병합의 불법성》, 소명출판, 2011, 60쪽)하는 것에는 찬성할 수 없다.

늘론이라고 해도 버외 정세는 날로 변하고 있다. 때문에 금후 예견할 수 없는 새로운 사실이 발생하여 언제라도 병합을 실행할 기회가 올 수 있다. 따라서 위를 실행할 경우에 우리가 취할 방침 및 조치는 지금부터 강구해 두어서 만에 하나 오산이 없도록 해 놓을 필요가 있다."

병합을 실행하기 위해 취해야 할 방침 조치로는 첫째 '병합 선포 건'이다.

(一) 병합을 실행할 때에는 특히 조책을 버려 병합 사실을 버외에 선포하고, 더불어 아래 사항을 선명하게 밝힐 것

(1) 병합을 실행할 수밖에 없게 되기에 이른 사유

(2) 영원한 동양의 평화를 유지하고 (일본)제국의 안고安固를 확보하며, 더불어 한민韓民 및 한반도에 있는 외국인의 강녕을 증진하기 위하여 병합이 필요하다는 것

(3) 반도에서 외국인의 권리는 병합에 따라 발생하는 새로운 사태와 양립할 수 없는 것을 제외하고는 제국 정부가 충분히 보장한다는 것

(二) 위의 조칙은 한반도 통치가 완전히 천황대권 행동에 속한다는 취지를 밝히는 것으로, 반도의 통치가 제국헌법 조장條章에 준거할 필요가 없다는 것을 명확하게 하여 후일 분쟁을 예방할 것

둘째 '한국 황실 처분의 건'이다.

"(一) 한국병합과 동시에 동 황실을 명실공히 완전히 정권과 관계없도록 하여 한인의 이도異圖(역자 주: 모반이라는 뜻)의 근본을 끊을 것
(二) 한국 황제는 완전히 폐위하고 현 황제를 대공전하大公殿下로 칭할 것
(三) 대황제, 현 황태자 및 의친왕은 공전하公殿下로 칭할 것
(四) 대공전하, 공전하 및 그 가문은 도쿄로 이주할 것
(五), (六), (七)(저자 생략)"

셋째는 '한반도의 통치'이고 넷째는 '대외관계'로, 다음과 같이 규정하였다.

(一) 한국과 여러 외국과의 조약은 병합과 동시에 소멸하여 법권法權 및 세권稅權은 전부 우리에게 속하게 됨에 따라 조칙으로 병합을 선포함과 동시에 제국 정부가 관계 여러 나라에 병합 취지를 통고하고 아래 사항을 선언할 것.

고무라의 의견서는 병합은 조칙을 선포하여 실행한다는 생각을 명확하게 밝힌 것이다.

이 자료는 《고무라 외교사小村外交史》에도 수록되었는데, 거기에는 가쓰라 수상이 이 의견서를 "각의에 올렸고 각료 일동이 찬성하였다. 또한 별도로 병합조약 체결 형식에 의해서 할 수 없는 경우의 조치도 연구(攻究)하였다."고 기록되어 있다.[10] 그러나 앞 자료의 두기頭記를 주목하면 이것은 정확하지 않다. 또한 뒷부분은 고무라의 조칙병합안과 모순된다. 앞부분을 신뢰할 수 없다면 뒷부분도 신뢰할 수 없다.

고무라의 제안은 가쓰라 수상과 논의하며 동의는

---

10 《小村外交史》 841~843쪽. 海野福壽, 《韓国併合史の硏究》, 岩波書店, 2000, 350쪽은 고무라 의견서가 각의 결정되었다고 보고 있다.

얻었지만 각의에서 결정되지는 못하였다. 그것은 가쓰라가 조직병합안에 찬성하지 않고 조약병합안을 주장하였기 때문이라고 생각된다.

가쓰라의 조약병합안

《공작 가쓰라 다로전公爵桂太郎傳》에는 가쓰라가 7월 각의에서 병합방침을 확정하였다며 요지를 소개하고 있다. 그 내용은 '병합의 선포', '외국에 대한 선언' 등 고무라 의견서를 토대로 하면서도 거기에 결정적인 수정을 가한 것이다. 크게 다른 것은 전문前文의 내용이다. 그것과 관련하여 '병합의 방법'이라는 절節이 추가되었다.

전문에서는 "병합 단행 시기가 되면 제국 정부는 한국 정부와 하나의 조약을 체결하여 한국의 뜻에 따르는 형식을 거쳐 병합을 실행하는 것이 가장 온당한 방법이다", "만약 이 방법에 따라 그것을 실행할 수 없을 경우에는 일방적 행위로 제국 정부가 한국에 대

사진 6 가쓰라 다로 수상

하여 병합을 선언하기로 한다", "또한 어떤 방법을 따를 것인가에 관계없이 병합을 실시할 때는 조칙으로 병합을 선포한다"고 하였다.‖ '병합의 방법'이라는 절은 같은 취지를 반복하고 있다.

즉 이 안에는 조약에 의한 병합이 바람직한데, 안 된다면 선언에 의한 병합을 한다, 어떤 경우라도 조칙을 내려 병합을 선포한다고 되어 있다. 병합을 알리는 조칙 선포라는 점에서 고무라의 의견을 받아들이면서

‖ 《公爵桂太郎傳》 坤권, 460~463쪽.

도 조약에 의한 병합 방식을 제안하는 결정적인 수정을 가한 것이다.

《공작 가쓰라 다로전》의 기술을 보면 7월 각의 결정 당시에는 일치하였던 가쓰라와 고무라의 의견이 가을에는 서로 달라지고, 최종적으로 고무라의 조칙병합안이 아닌 가쓰라의 조약병합+조칙 선포안이 추진된 것을 알 수 있다.[12]

---

12 윤대원은 2개의 의견 차이에 대해 처음으로 주목했다. 그러나 그 해석에서 가쓰라는 개인적으로 〈대강大綱〉을 작성했지만 고무라와 이야기를 하여 "이후 고무라가 이 대강을 기초로 구라치倉知에게 세목 작성을 지시하고, 완성된 기초안을 7월 하순 가쓰라에게 제출했다"고 주장한다(윤대원, 2011, 65쪽). 그의 논거는 《고무라 외교사小村外交史》 중 "그리고 별도로 병합의 조약 체결 형식에 따라서는 행해지지 않을 경우의 조치도 연구했다"라는 애초에 성립하지 않는 기술뿐이다. 고무라와 가쓰라의 병합안의 차이를 인정하여 조서병합안과 조약병합안의 병립을 처음으로 확인한 것은 와다 하루키, 〈병합 조약의 무효성과 병합의 현실〉(2011년 8월 29일, 서울)이다.

가쓰라안의 저변에 깔린 한국 정세 인식

문제는 왜 가쓰라가 고무라의 의견을 누르고 이러한 조약병합론을 주장하였는가에 있다. 그것은 가쓰라를 내몬 정세의 변화가 발생하였기 때문일 것이다.

1909년 가을 한국 정세는 한층 더 긴박해진다. 10월 26일에는 전 통감이자 추밀원 의장이었던 이토 히로부미가 하얼빈 역에서 한국인 민족주의자 안중근에게 권총으로 저격당하여 살해되었다. 이 사건은 한국민의 민족감정을 크게 자극하였다. 이토의 후임 소네 아라스케曾祢荒助 통감은 동요하였다. 병합 시기가 무르익지 않았다며 병합을 위한 움직임을 전혀 진행시키지 않았다. 그는 1910년 초에는 병으로 일본에 돌아갔다. 이토 살해에 공포를 느낀 가쓰라도 같았을 것이다. 한국 황제에게 병합을 요청하도록 하는 것이 무난하고 목적에도 부합한다는 생각을 굳혔다고 여겨진다.

가쓰라 문서 중에 "병합 실행의 시기는 가장 주의를 요하는 것은 물론이다. 모든 준비를 하여 그들로 하여금 병합이 필요하다는 요청을 하도록 하는 수법을 취하는 것이 최상이다"라고 기록한 메모가 있다.[13] 가

사진 7 소네 아라스케 통감

쓰라의 이러한 생각은 이토 암살 후에 확고해졌을 것이다.

---

13 国会憲政資料室, 桂太郎文書 19, 〈韓国始末ノ要領〉, 112쪽. 이것은 海野福壽, 2000, 355쪽에 인용되었다. 윤대원도 가쓰라의 전기에 인용된 이 문장에 의거하여 일본 정부는 조약병합안과 선언병합안 가운데 전자를 취했다고 결론을 내리고 있다 (윤대원, 2011, 88쪽).

제3장

데라우치 마사타케의 등장

제3장 사진: 남산에 있던 통감부 청사 모습

데라우치 · 야마가타 · 가쓰라 협의

가쓰라의 생각에 동조한 것이 데라우치 마사타케 육상(陸相, 육군대신)이었다. 데라우치는 이토, 가쓰라, 소네와 같은 조슈長州 출신으로 유신전쟁에 참가하였다. 청일전쟁에서는 병참 총책임자를 역임하였고 1901년 가쓰라 내각의 육군대신이 되어 러일전쟁을 치렀다. 1908년 가쓰라 제2차 내각에서도 육군대신으로 입각하였다. 당시 그의 나이 57살이었다.

데라우치는 일기를 남겼다. 이를 통해 1910년 초부터의 움직임을 살펴보겠다. 연초부터 데라우치는 귀국한 소네 통감과 자주 만났다. 둘은 이토 내각에서 같이 각료를 지낸 사이였다.

사진 8 데라우치 마사타케 육군대신

1월 12일, 오전 9시 소네 통감 찾아옴. 작년 말 합방론 발흥 이래의 상황 및 전보로 보낸 의견 등을 상담하고 소소한 이야기(閑談)를 1시간 정도한 뒤 돌아갔다.[1]

데라우치는 합방론자의 내방도 많이 받았다.

1월 10일, 오후 어제 귀향한 고다마 히데오兒玉秀雄와

---

[1] 《寺內正毅日記 1900−1918》, 京都女子大學, 1980, 477쪽.

면회하고 한국의 사정을 들었다. 이어서 우치다 료헤이內 田良平가 찾아와 일진회를 비롯하여 기타 상세한 사정을 알게 되었다. 장래의 처분에 크게 고려할 필요가 있는 내용이 있다.[2]

1월 21일, 오전 아다치 겐조安達謙藏 씨 찾아옴. 대한對 韓정책에 대한 의견을 진술하였다.[3]

흑룡회黑龍会의 주간主幹이었던 우치다는 송병준 등 과 연계하여 합방운동에 힘을 쏟고 있었다. 아다치는 명성황후 시해사건의 중심인물 가운데 한 명이다.

2월 15일, 오전 대한동지회 하세가와 요시노스케長谷川 芳之介, 오타케 간이치大竹貫一, 오가와 헤이키치小川平吉, 오타니 시즈오大谷靜夫, 이오키五百木 모某 5명이 찾아왔 다. 한국 처분의 건에 대한 여러 의견을 알게 되었다. 온 지 2시간 정도 후 돌아갔다.[4]

---

2 앞의 책, 476쪽.
3 앞의 책, 479쪽.
4 앞의 책, 486쪽.

2월이 되챠 데라우치는 가쓰라, 야마가타와 한국 문제에 대해 논의하는 일이 잦아졌다.

2월 17일, 오후 4시부터 수상관저에 야마가타 원수元帥, 수상(역자주: 가쓰라) 및 나와 만나서 국가의 요건에 대한 이야기를 7시까지 나누었다. 그중에서도 한국의 사태에 대하여 이야기한 것이 많았다.

4월이 되챠 가쓰라 수상은 마침내 데라우치 육군대신에게 통감 취임을 요청하였다. 소네의 몸 상태가 나빠서 통감 교체가 안건에 오른 것이다.

"4월 5일, 오전 10시부터 각의에 참석하였다. 수상으로부터 한국통감의 건에 대한 은밀한 논의가 있었다. 오는 10일 가타세片瀨로 병문안을 가기로 약속하였다."

데라우치는 4월 10일에 소네를 방문하였다.

"4월 10일 아침 8시 20분 신바시新橋발 기차로 가타세의 소네를 방문하였다. ··· 침상에서 의좋게 담화를 30분

정도 하였다. … 소네 자작의 병상은 얼굴이 창백한 것이 무어라 이야기할 수 없지만 상당히 난해한 병증이라고 여겨진다."5

이러한 상황을 감안하여 자신이 소네의 후임으로 한국에 가야 한다고 결심한 것으로 보인다.

데라우치는 그 결과를 12일 야마가타와 이야기하고 가쓰라에게 보고하였다. 그리고 15일에도 가쓰라에게 "소네 자작 관련 사항을 상담하고 이와 더불어 조사한 한국 통치상의 서류를 전달해 두었다"고 기록하고 있다. 5월 4일에는 가쓰라와 만나 "한국 시말始末 기타에 대해 장시간 담화"를 나누었다.6 야마가타, 가쓰라와 데라우치의 협의에 고무라는 전혀 참가하지 않았다. 여기에서 조약병합의 방식이 결정되었을 것이다. 1910년 5월 30일 가쓰라 수상은 소네 통감을 해임하고 데라우치 육군대신에게 통감을 겸임시켰다.7

---

5 앞의 책, 498~499, 500~501, 505, 507쪽.
6 앞의 책, 500~501, 505, 507, 510쪽.
7 앞의 책, 512쪽.

데라우치 통감 공무 시작

데라우치는 일본에서 병합 준비에 관한 일을 시작하였다. 먼저 5월 24일부터 한국 주차군의 병력을 수도 한성 경비를 위하여 용산 주둔지로 이동시켰다. 우선 기병은 나남羅南의 기병 제2연대에서 1개 중대를 이동시켜 2개 중대로 편성하였다. 보병은 각지의 제29연대, 제4연대, 제32연대에서 6개 중대를 이동시켜 9개 중대로 편성하였다. 그리고 6월 13일에는 무장 의병 탄압을 목적으로 파견된 임시한국파견대에서 6개 중대를 빼서 수도에 배치하였다. 최종적으로는 보병 15개 중대를 용산에 집결시켰다. 이들 병력은 3곳의 왕궁, 각국 영사관, 기타 중요 시설의 경비를 담당하였고 한성(서울) 전체를 경계태세에 두었다.[8]

더욱이 데라우치는 4월 참모장 회의 출석 후 일본에 머물렀던 조선군 참모장 아카시 모토지로明石元二郎와 협의하여 병합을 위한 경비체제를 정비하였다.

---

8 吉田源治郎, 〈日韓併合始末〉(1911), 《韓国併合始末関係資料》, 不二出版, 1988, 87~89쪽.

먼저 아카시를 헌병대사령관으로 임명하기로 하고 문
서 초안(案文)을 지참시켜 한국으로 돌려보냈다. 6월
24일 한국 경찰 사무위탁에 관한 한일각서를 한국 총
리대리 박제순에게 조인시켰다. 한국의 경찰제도가 완
비될 때까지 한국 정부가 경찰 사무를 일본 정부에
위탁하게 한 것이다. 6월 30일 한국 경찰청 관제는
폐지되었고 경찰관은 통감부 경찰 소속이 되었다. 일

본 성부는 한국수차헌병조례 개정 칙령을 내려 헌병을 중심으로 하는 경찰제도, 즉 헌병경찰제도를 발족시켰다. 그 책임자로 아카시 모토지로가 한국주차헌병대 사령관 겸 통감부 경무총장에 취임하였다.[9]

데라우치는 또한 가쓰라, 야마가타와 조약병합 준비를 진행하였다. 1910년 6월 3일 각의에서 〈병합 후 한국에 대한 시정방침〉 13개조가 결정되었다. 제1조는 "조선에는 당분간 헌법을 시행하지 않고 대권에 의해 통치할 것"이었다.[10] 데라우치 일기에는 "오늘 회의에서 일전에 제출하였던 조서 전부의 승인을 받았다"고 기록되어 있다.[11]

조약에 의한 병합안이 굳어지고 〈시정방침〉이 결정되자 조약안을 기초하는 등 추가 준비 작업이 필요해졌다. 일본 정부는 구라치를 중심으로 병합준비위원회를 설치하였다. 이 위원회에는 외무성 정무국장 구라치 데쓰키치倉知鐵吉 외에 통감부 외무부장 고마쓰 미

9 《小村外交史》, 846; 糟谷憲一, 〈〈韓国併合条約〉の無效性と《併合》詔書〉, 《日韓−歷史問題をどう解くか》, 岩波書店, 2013, 99쪽.

10 《日本外交文書》 제43권 제1책, 660쪽.

11 《寺内正毅日記》 513쪽.

도리小松綠, 내각서기관장 시바타 가몬柴田家門, 법제국 장관 야스히로 반이치로安廣伴一郎, 척식국 부총재 고토 신페이後藤新平 등이 위원으로 참가하였다. 이 위원회 작업은 7월 7일에 완료되었다. 7월 8일 조칙안, 즉 조약을 체결할 경우의 조칙안과 조약을 체결하지 않을 경우의 조칙안, 조약안, 선언안, 그리고 〈병합 실행 방법 세목〉이 각의에서 결정되었다.[12]

먼저 조약 체결을 전제로 한 조칙안이다. 여기에는 "한국 황제폐하가 사태를 통찰洞鑒하여 한국을 일본제국에 병합하여 시세의 요구에 부응하고자 이참에 특별히 그 뜻을 짐(역자 주: 일본 천황)에게 전달하게 하였다. 짐 역시 현재의 형세를 살펴볼 때 병합은 어쩔 수 없는 일이라 여겨, 이에 한국 황제폐하의 요망에 부응하여 영구히 동국同國을 제국에 병합할 것을 수락하였다."고 되어 있다.

다음으로 조약을 체결하지 않을 경우의 조칙안이다. 여기에는 "이것을 현재 정세에 비추어 볼 때 앞에서

---

12 〈詔勅条約宣言案〉, 《公文別祿韓国併合ニ関スル書類》 三二. 이 사료는 윤대원, 2011, 92~93쪽에 명확하게 밝혔다.

말한 목석을 날성하고자 할 때는 한국을 완전히 제국에 병합하는 것은 실로 어쩔 수 없다. 짐은 즉시 이 요구에 부응하여 동양의 대국大局을 고려하여 이에 영구히 동국同国을 제국에 병합할 것을 선시宣示한다."고 되어 있다.

여러 외국에 보내는 선언안은 조약이 체결되어 병합이 이루어졌다는 내용으로 되어 있다. "한일 양국 정부는 … 일본국 황제폐하 및 한국 황제폐하의 승인을 얻어 금일 양국 전권위원으로 하여금 하나의 조약을 체결하게 하여 한국을 완전히 일본제국에 병합하게 되었다."

조약안에는 전문前文이 있다. 그리고 제1조에는 "한국 황제폐하는 한국 정부에 관한 모든 통치권을 완전히 그리고 영원히 일본국 황제폐하에게 양여한다", 제2조에는 "일본국 황제폐하는 전조에 기재한 양여를 수락하고 한국을 완전히 일본제국에 병합할 것을 승낙한다"고 되어 있다. 제8조는 "본 조약은 조인에 앞서 일본국 황제폐하 및 한국 황제폐하의 열람을 거쳐 재가를 받은 것으로 조인날로부터 즉시 효력을 갖는다"라고 '조인 즉시 발효'를 규정하고 있어 비준을 생략할 수 있게 하였다.

〈병합실행 세목〉 제1조에서 국가의 명칭을 한국에서 조선으로 고치는 것이 결정되었다.

데라우치의 7월 8일 일기에는 "오늘은 오전 9시부터 수상관저에서 한국에 관한 건에 대하여 각의를 개최하였는데 오후 2시까지 하였다"고 기록되어 있다.[13] 아마도 모든 문서안이 여기에서 승인되었다고 보아도 틀리지 않을 것이다. 조약병합을 목표로 하고, 안 된다면 조서에 의해 병합을 실현한다는 방식이 최종적으로 결정된 것으로 볼 수 있다.

제2차 러일협약 체결

한편 러시아와의 접근은 1910년 들어서 제2회 러일협약 체결을 준비하는 과정에서 결정적으로 전진하고 있었다. 1910년 1월 러시아 외상이 체결 가능성을 시

---

13 《寺內正毅日記》, 516~517쪽.

사하였나. 일본 측은 3월 제2차 협약안을 작성하였고 4월에는 모토노 대사가 러시아 측에 타진하였다. 이때 이즈볼스키 외상은 한국 문제에 대해서 다음과 같이 발언하였다. "일본국이 한국에서 현상을 변경할 조치를 취할 경우에는 이번에 추진하려고 하는 협상의 미래에 관하여 상당히 우려를 할 수밖에 없다." 그는 이 일에 관하여 "보스니아–헤르체고비나 병합 때문에 러시아가 오스트리아 정부에 대하여 매우 격앙되어 적개심을 일으킨 사례를 열거하면서, 만약 한국 사태를 변경하려는 조치를 실행한다면 러시아도 일본국에 커다란 분개심을 일으킬 수 있어 매우 우려된다"고 하였다. 그것을 듣고 모토노 대사도 물러서지 않았다. 그는 "한국병합 건은 조속히 실행하지 않을 수 없다"고 잘라 말하며, 이 일이 "신협상 체결의 방해가 된다"고 생각하는지를 물었다. 이즈볼스키는 "그런 것은 아니나, '러시아의 여론'을 자극하여 자신이 대신직을 잃는다든가, 친일 정권에 중대한 영향을 미친다든가 하는 일이 일어나지 않도록 하여야 한다"고 답변하였다.14

---

14 《日本外交文書》, 제43권 제1책, 111쪽.

이즈볼스키의 발언은 명백한 허세였다. 러시아는 한국 병합 자체에 반대한다는 것이 아니라 러시아의 이익에 한층 더 배려를 요구하는 것이었다.

고무라 외상은 러시아 외상의 이러한 발언을 문제 삼지 않았다. 러시아는 극동에 대한 관심을 동유럽으로 옮기고 있었는데 오스트리아–헝가리의 보스니아–헤르체고비나 병합에 어떠한 저항도 하지 않았다. 그러한 러시아의 한국병합에 대한 우려 표명은 말뿐이라는 것을 꿰뚫었던 것이다. 고무라는 이대로 제2차 러일협약 조인을 추진하였고 7월 4일 실현시켰다.

조약병합의 기만성

제2차 러일협약이 조인되자 곧바로 고무라 외상은 7월 17일 재영 일본대사 가토 다카아키加藤高明에게 한국병합을 실행한다는 것을 영국 정부에 사전에 설명할 것을 요청하는 전보를 보냈다.

제국 징부는 이러한 형세를 삼반하여 한국를 완천히 제
국에 병합할 수밖에 없다는 것을 확신하고 마침내 단호
히 병합을 실행할 결심을 하게 되었다.[15]

어디에도 조약을 맺을 계획이라는 말은 없다. 일본
이 병합을 결정하고 실행하니 그것을 받아들이기 바란
다는 것이다. 고무라는 조약병합안이 채용된 뒤에도
조약은 한국 국내용으로 한낱 형식에 지나지 않는다고
생각하고 있었다.

일본 정부가 일방적인 선언이 아니라 조약에 의해
서 병합하는 방식으로 추진한 것은 오로지 한국 내의
저항을 억누르기 위한 기만적인 형식이 필요하다고 여
겼기 때문이다. 한국은 이미 외교권과 내정권을 상실
한 보호국의 처지였다. 다치사쿠 다로가 말하는 을종
진정보호국이었다. 일본 정부의 대표자인 통감의 '감
리 지휘'에 따라야만 외국과의 교섭이 가능한 상황이
었다. 따라서 조약협정의 체결은 불가능하였던 것이다.
한일이 조약을 맺으면 어떠한 내용의 조약이라도 일본

---

15 앞의 책, 664~665쪽.

정부가 일본 정부와 조약을 맺는 게 되어 법리론적으로 성립하지 않는다. 이 점을 지적한 것은 이태진 교수다.[16]

이태진 교수는 우선 통감 데라우치 마사타케는 '한국 외교권 행사의 대표'이기 때문에 그가 일본을 대표하여 서명하는 것은 난센스이고, 또 한 명의 서명자인 총리대신 이완용은 통감과 '상하관계'에 있는 통감의 괴뢰였기 때문에 그가 한국을 대표하여 서명하는 것도 난센스라고 주장하였다.

운노 후쿠주 교수는 이에 대해 한국의 외교기능을 대행하는 것은 도쿄의 외무성이지 통감이 아니며, 통감은 한국에서 일본 정부를 대표하는 외교관이었기 때문에 통감 데라우치가 일본을 대표하여 서명한 것은 문제가 없다고 주장하였다. 하지만 이완용이 통감의 괴뢰였다는 지적에 대해서는 반론하지 못하였다. 운노 교수는 통감과 한국 정부 수상은 "형식적으로는 … 일

---

16 이태진 편, 《일본의 대한제국 강점》, 까치, 1995, 199~200쪽. 운노는 이태진의 주장에 반대했으나(《世界》 1999년 10월호, 269~270쪽), 운노의 주장은 틀렸다.

본 정부와 한국 정부를 대표하는 입상"에 있었다고 수
장하지만 문제가 되는 것은 형식이 아니라 실질적인
내용이다.

제4장

병합의 실시 과정

제4장 사진: 조선주재군사령부 정문
(신기수 엮음, 이은주 옮김, 《한일병합사 1875-1945》, 52쪽)

데라우치 통감의 부임

데라우치 마사타케 통감은 1910년 7월 20일 군함 야쿠모八雲를 타고 도쿄를 출발하여 23일 인천에 도착하였다. 데라우치는 상륙하자마자 임시열차를 타고 남대문 정거장에 도착하였다. 예포가 울려 퍼지는 등 역에서 성대한 영접을 받고 보병 1개 대대가 경비하는 가운데 마차를 타고 통감저로 향하였다.ⅼ 데라우치 통감은 25일은 창덕궁에 입궐하여 순종을 알현하였고 이어 덕수궁에 입궐하여 고종 전 황제와 순헌황귀비(엄귀비)를 알현하였다. 그는 그날 밤 용산의 통감관저에서 황족, 고관을 초청하여 만찬회를 개최하였다. 26일에는 처음으로 통감부로 등청하여 참여관(역자 주:

ⅼ 吉田源治郎, 앞의 논문, 1911, 114~115쪽.

도청에 도지사를 보과하는 자문기구 자문위원) 회의를 개최하였다. 28일 데라우치는 고등관들을 접견하여 훈시하고, 30일에는 통감관저에서 신임 통감으로서 성대한 피로연을 개최하였다. 8월 3일에는 경성 관민官民 단체 환영회에 참석하고, 5일에는 관저에서 신문기자들과 친목회를 가졌다.[2] 데라우치는 새 통감으로서 어떤 임무를 띠고 서울로 왔는지 일체 말하지 않았다. 서울은 엄중한 경계 태세였다.

그동안 데라우치는 현지 통감부 간부들과 협의하면서 정세 파악에 힘쓰고 있었다. 간접적으로 이완용 총리를 비롯한 한국 정부 각료들의 기분과 태도를 살피고 있었다.

황제 순종과 한국 정부 대신들

한국의 순종 황제는 1874년생으로 당시 36세였다.

2 《東京朝日新聞》 1910년 8월 29일자 4면.

사진 10 순종 황제

1908년 부친인 고종 황제가 이토 히로부미에 의해 강제 퇴위당한 후 즉위하였다. 고종이 소중히 여겼던 세자였으나, 1898년 9월 독이 든 커피를 마시고 나서 목숨은 건졌지만 이후 체력과 기력을 상실하였다.[3] 순종은 자식이 없어 막내 동생을 세자로 여겼다. 그러나 세자는 이토에 의해 일본으로 끌려가 육군사관학교에

---

3 《高宗時代史》 四, 656~662쪽; 木村幹, 《高宗·閔妃》, ミネルヴァ書房, 2007, 285~287쪽.

사진 11 이완용 내각총리대신

들어갔다.4 이러한 순종이 일본에 저항하는 일은 없을
거라고 여겨졌다. 전 황제인 고종은 1852년생으로 메
이지 천황과 같은 58세였다. 보호조약에 강하고 집요
하게 저항했으나 이토에 의해 퇴위당한 뒤에는 완전히
활동을 봉쇄당하였다.

대신들 가운데 보호조약의 수락을 적극적으로 주도
하여 '을사오적'의 우두머리로 꼽혔던 이완용(1858년
생)이 국무총리였다. 1909년 12월 자객에게 찔려 겨
우 목숨을 건진 직후였다. 같은 해에 태어난 내부대신

---

4 《高宗時代史》六, 699쪽.

박제순도 온건 개화파에서 친일파가 된 사람으로 외부대신을 역임하였다. 보호조약의 수용을 추진한 그도 '을사오적' 중 하나다. 이완용이 자객에게 찔렸을 때 총리대리를 맡기도 하였다. 그 외에 재정을 담당하는 탁지부대신 고영희(1849년생), 교육을 담당하는 학부대신 이용식(1852년생), 궁내부대신 민병석(1858년생), 농상공부대신 조중응(1860년생), 4명이다. 고영희는 전 일본공사로 순종 통치 초기에는 탁지부대신이었는데 다음 해에는 법부대신이 되었다. 그는 1909년 10월 다시 탁지부대신과 내부대신을 겸임했으나 그해 12월에는 겸임을 그만두었다. 처신이 좋은 것이 장점이었다. 학부대신으로 1908년에 처음 발탁된 이용식은 나이는 총리보다 위인 고참 관리였다. 민병석은 갑신정변 후 망명한 김옥균을 추적해 일본으로 가 살해하려고 했으나 성공하지 못하였다. 조중응은 가장 나이가 어리지만 법무대신도 지냈고 1908년에 현재의 자리에 올랐다.5 이미 외교권과 군사권, 경찰권, 사법권

---

5 대신들의 경력은 《韓国人名大事典》, 新丘文化社, 1995, 29, 249, 297, 685, 686, 900쪽.

을 빼앗긴 결과, 외부대신, 군부대신, 법부대신은 존재하지 않았다. 남아 있는 다섯 개의 성에는 일본인 차관이 임명되어 행정 실권을 모두 장악하였기 때문에 사실상 대신들은 허울뿐인 존재였다.

내각의 자문기관으로 중추원이 있었는데 그 의장 김윤식(1835년생)은 최연장 장로였다. 그는 온건 개화파로 1876년 이후 조선 근대사의 모든 사건에 관여해 왔지만 1897년부터는 오랜 근신, 유배 처분을 받았다. 1907년에 비로소 자유로운 몸이 되어 서울로 왔고 친일파로서 1908년 공직에 임명된 지 오래되지 않은 때였다. 그러나 그는 민족단체인 흥사단 단장도 맡았고 한일합방안을 추진한 송병준과 이용구를 "주살할" 것을 제안한 적도 있으므로,6 그가 일본의 움직임에 어떻게 반응할지 예측할 수 없었을 것이다. 대신들 외에 어전회의에 참석하는 사람들은 시종원경, 승녕부 총관, 친위부 장관들이있다. 시종원경 윤덕영(1873년생)은 순종황제비의 아버지 형제였다. 승녕부 총관 조민희(1859년생)는 프랑스 공사, 일본 공사를 역임하였

---

6 《韓国人名大事典》, 150~151쪽; 《純宗時代史》, 703, 955쪽.

다. 친위부 장관 이병무(1864년생)는 군대를 해산한 마지막 군부대신이다. 이들과 함께 흥왕의 자리를 받은 이희는 대원군의 장남이고 고종의 형으로, 개명 전의 이름은 이재면李載冕(1845년생)이다.7 조선근대사의 흑막으로 불릴 만한 인물이다. 과연 이 사람들이 데라우치의 공작工作을 받아들일지가 문제였다.

데라우치, 조약병합을 요구

8월 4일 밤 10시 원래 이완용 수상의 비서를 지냈던 문인이고 당시 신문인新聞人이 된 이인식이 비밀리에 통감부 외무부장 고마쓰 미도리小松緑를 방문하였다. 이인식은 병합될 것은 각오하고 있으나 어떤 병합이 될지 탐색하러 간 것이다. 고마쓰는 병합 단행 여부에 대해서는 애매하나 일본은 하와이와 마다가스카

---

7 《韓国人名大事典》 549, 635, 715, 875쪽.

르의 병합과 같은 형태로 구황제를 처우하지는 않을 것이라고 말하였다. 그 말을 들은 이인식이 안심한 것 같았다고 기록하였다.8 4일 뒤인 8월 8일 이인식이 다시 고마쓰를 찾아가 "이완용에게 전하니 하루라도 빨리 시국을 정리하는 것이 상책일 것"이라고 말하였다고 고마쓰에게 전하였다.9 고마쓰는 이 사실을 데라우치에게 보고하고, "담판 개시 시기가 무르익은 것으로 생각된다"고 덧붙였다.

데라우치는 한국 정부도 "합의적 조약 체결에는 거의 다른 의견이 없다고 인정하였다"고 기뻐하였다. 조약 조인이 안 될 경우에 발표할 선언서는 이제 필요가 없어졌다. 조약병합 방식을 취할 수 있다는 결론을 내린10 데라우치는 이 단계에서 8월 13일 고무라에게 전보를 보내 조약병합 방식으로 행동 개시할 것을 통고하였다.

---

8 小松綠, 1997, 546~562쪽.

9 위의 책, 562~563쪽.

10 寺內正毅, 《韓国併合始末》, 1910; 《韓国併合始末関係資料》, 不二出版, 1998, 37~38쪽.

이전의 내명內命을 받들어 시국의 해결은 다음 주부터 착수하고자 한다. 특별한 문제없이 진행하여 그 주말에는 모두 완료했으면 하는 의견이다. 따라서 경성에 있을 때 협의가 끝난 조약안에 기초하여 협의를 개시하여야 함에도 …11

13일은 토요일이었기 때문에 "다음 주부터"는 15일부터이다. 데라우치는 지참한 조약 원문에 수정을 가할 수도 있다고 예고하였다. 연락을 받은 고무라는 8월 14일 조약을 체결하면 국내적으로 추밀원에 보고할 필요가 있으며 대외적으로는 조약 내용을 통고하고 "기정旣定의 선언"을 하는 것이 필요하기 때문에 조인과 공포 사이에 일주일 정도 틈을 둘 필요가 있고, "병합의 효력"은 조약 공포를 한 날부터로 하고 싶다고 전하였다.12 이것은 데라우치가 서울에서 결단할 때까지 고무라도 조약병합으로 할지 어떨지 알 수 없었다는 것을 보여 주는 것이다.

11 《日本外交文書》 제43권 제1책, 675쪽.
12 위의 책, 677쪽.

데라우치는 조약문에서 수정할 부분을 8월 14일 도쿄에 알렸다. 전문 첫 문장은 "일본국 황제폐하 및 한국 황제폐하는 한국의 현 체제로는 공공의 안녕과 질서를 유지하는 데 불충분하다는 것을 인정하고 근본적으로 이것을 개선하는 것이 급무라고 여기며, 또한 한국 인민이 영구히 강녕하고 선정의 덕택을 누려 생명 재산의 완전한 보호를 얻기를 바라며, 이 목적을 달성하기 위해서는 완전히 한국을 일본국에 병합하는 것 외에는 없음을 확신하여"라고 되어 있었다. 이것을 "일본국 황제폐하 및 한국 황제폐하는 양국 사이의 특수하고 친밀한 관계를 되돌아보고, 서로의 행복을 증진시키고 동양의 평화를 영구히 확보하기 바라며, 이러한 목적을 달성하기 위해서는 한국을 일본제국에 병합하는 것 만한 것이 없음을 확신하며"로 수정할 것을 제안하였다.[13] 원안은 너무 노골적이고 고압적이었다. 따라서 좀 더 무난한, 그만큼 더 기만적인 말로 바꾸었던 것이다.

---

[13] 고무라 외상 앞 데라우치 통감 전보, 2010년 8월 14일, 公文別錄韓国併合ニ関スル書類, 21.

8월 15일 데라우치는 고무라에게 조약 제8조는 조인 즉시 발효를 상정하고 있었으므로 "공포한 날부터 효력이 발생한다"로 수정할 생각인지를 질문한다. 고무라는 16일에 수정이 필요하다고 회답하였다.[14]

데라우치는 8월 16일부터 본격적으로 병합을 위한 활동을 시작하였다. 이날 데라우치 통감은 통감저에 이완용 총리대신을 불렀다. 데라우치는 먼저 보호국제도로는 "시정 개선의 목적"을 달성할 수 없다, "양국이 합하여 일체가 되고" "정치기관의 통일을 꾀하는" 것 외에는 방법이 없다고 운을 뗐다. "병합이라는 것은 고금의 역사에 비추어 그 사례가 적지 않고 때로는 위압으로 단행하고 때로는 선언서를 공포하여 협약을 필요로 하지 않기도 한다. 그러나 한일의 종래 관계에 비추어 … 그와 같은 수단에 호소하는 것은 매우 바람직하지 않은바, 이러한 시국 해결은 합심하여 협동으로 실행하고 추호라도 격의隔意가 개재되지 않기를 요망한다. 그리하여 그 형식은 합의적 조약으로 상호의사를 표시하는 것이 타당하다고 인정한다."[15]

---

14 《日本外交文書》 제43권 제1책, 677쪽.

이와 같이 조약병합을 요구한다고 주장한 뒤에 이 것을 보라며, 다음과 같은 내용의 각서를 전달하였다. 거기에는 (1) 현황제現皇帝, 태황제太皇帝, 황태자皇太子, 황족皇族은 "상당한 존칭, 위엄 및 명예"를 가지며 이것을 유지하는 세비를 받을 수 있다. (2) 공훈이 있는 한 국인은 작위를 부여한다. (3) 일본 정부의 통치는 한국 인의 신체 및 재산을 보호한다. (4) 새로운 제도를 존중하는 한국인은 관리에 임용한다 등의 방침이 적혀 있었다. 데라우치는 이완용에게 각의를 총괄하여 한국 황제에게 취지를 상언하고, 조약 체결을 위한 전권위원을 임명하도록 주청하고, 데라우치와 이완용 둘이서 조약을 체결하자고 하였다.[16]

이상의 내용은 일본을 대표하는 통감 데라우치의 교섭이라고 할 수 있다. 한편 이완용은 데라우치의 말을 들으면서 각서를 일독하였는데 한마디의 반론도 하지 않았다. 한국은 "스스로 쇄신할 힘이 없고 어느 나라에든 기대지 않을 수 없음은 새삼 부언할 필요가

---

15 寺內正毅, 1910, 11~13쪽.
16 위의 책, 13~23쪽.

없으며" 일본에 병합되는 것은 당연하다. 문제는 "그 형식" 여하이므로 할 말은 아무것도 없다고 하였다. 다만 원하는 것이 있다면 국호와 황제의 존칭에 대한 배려뿐이라면서 한국이라는 국호를 남길 것과 황제에게 왕의 존칭을 남길 것을 요구하였다. 데라우치는 '대공전하大公殿下'로 부르기로 했다면서 '왕'이라는 칭호를 남기는 것은 거부하였다. 이완용은 이 점에 대해서는 농상공부대신 조중응에게 협상을 시키겠다고 말하고, 그날의 회담을 마쳤다.[7] 여기까지의 내용은 한국을 대표하는 총리대신 이완용의 교섭이라고 할 수 있다.

그날 오후 아홉시가 다 되었을 때 조중응은 데라우치를 방문하였다. 조중응은 1896년 고종이 아관파천을 단행하고 김홍집 정부가 무너지자 일본으로 망명하였고 거기에서 농업기술을 배웠다. 10년 후 귀국하여 통감부의 촉탁농업기사로 근무를 시작하였고 이완용 정부에서 법부대신으로 임명되었다. 확고한 친일파다. 조중응은 이완용과 협의를 하고 와서 국호는 남겨 달라,

---

17 寺內正毅, 1910, 23~30쪽.

황제이 존칭으로 왕을 남겨 달리고 이완용과 똑같은 주장을 되풀이하였다. 데라우치는 국호를 조선으로 한다는 것은 바꿀 수 없으나 황제의 존칭은 "이왕전하", "태왕전하"로 한다는 타협안을 내놓았다. 조중응은 이를 받아들였다.[18] 여기까지도 협상이 이루어졌음은 확실하다.

8월 17일 데라우치는 황제의 존칭문제에 대한 양보안을 받아들여 달라고 도쿄에 타전하였다.[19] 이완용은 오전 10시부터 대신들과 협의를 시작하였다. 통감에게 들은 병합조약 체결에 대해 협의하였을 것이다. 그날 협의는 오후 8시까지 진행되었으나 결론은 내리지 못하였다. 이완용은 데라우치에게 "종일 각원閣員들과 협의를 하였으나 아직 전원의 동의를 얻지 못하였다"고 보고하고 자기의 책임으로 각의를 통일하겠다고 맹세하였다.[20] 이미 한국 정부를 관리하는 통감에게 하는 보고였다.

---

18 寺內正毅, 1910, 30~33쪽.
19 《日本外交文書》 제43권 제1책, 678쪽.
20 寺內正毅, 1910, 34쪽.

데라우치, 조약문과 전권 위임의 조칙문을 건네다

이튿날인 18일 데라우치는 고무라에게 황제 존칭의 변경을 승인한다는 답신 전보를 받았다.[21] 그는 이완용을 불러 이 사실을 알렸다. 데라우치는 조약안을 제시하고 설명하였다. 그리고 "한국 황제가 내각총리대신을 조약 체결의 전권위원으로 임명하는 것을 정식 순서로 하기 때문에" 이러한 "취지에 따라 칙명을 발표할 필요"가 있다며 황제가 내려야 할 조칙안을 건넸다.[22]

이날 데라우치의 행동은 이미 외교교섭이 아니라 한국 정부의 행동을 '관리 지휘'하는 통감의 상의하달식 명령이었다.

조약안은 전문에 "일본국 황제폐하 및 한국 황제폐하는 양국 간의 특수하고 친밀한 관계를 돌아보고, 상호 행복을 증진시키고 동양의 평화를 영구히 확보하기를 바라며, 그 목적을 달성하기 위해", "한국을 일본제

---

21 데라우치 통감 앞 고무라 외상 전보, 1910년 8월 15일, 公文別錄·韓国併合二関スル書類, 21.
22 寺內正毅, 1910, 35~38쪽.

국에 병합하는 것만한 것이 없음을 확신"하니 이 소약을 체결하게 되었다고 기술한 일본 정부안이다. 제1조에는 "한국 황제폐하는 한국 전체에 관한 모든 통치권을 완전하고 영구히 일본국 황제폐하에게 양여한다", 제2조에는 "일본국 황제폐하는 제1조에서 언급한 양여를 수락하고 완전히 한국을 일본제국에 병합하는 것을 승낙"한다고 되어 있다. 이완용은 말없이 이것을 받아들였다.

전권위원 위임 조칙안은 데라우치가 서울에 온 이후부터 통감부 관료들과 함께 초안을 기초한 것으로 여겨진다. "이에 한국 통치를 전적으로 짐이 가장 신뢰하는 대일본 황제폐하에게 양여할 것을 결정하였다. 이에 따라 필요한 조항을 규정하고 앞으로 맞이할 우리 황실의 안녕과 백성의 복리를 보장하기 위해 내각 총리대신 이완용으로 하여금 대일본제국 통감 데라우치 마사타케와 회동하여 상의하고 협정을 체결하게 하라."고 명령하는 내용으로 되어 있다. 이는 단순한 조약교섭의 전권 위임장이 아니라, 황제가 국가의 통치권을 일본 천황에게 양여한다고 결정하고 이를 위한 조약을 데라우치 통감과 맺도록 총리 이완용에 명령하

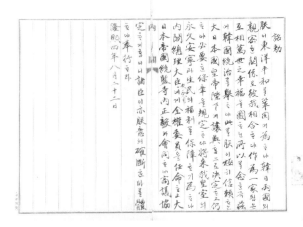

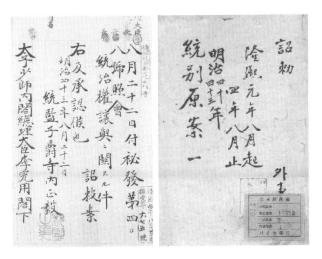

사진 12 내각총리대신 이완용을 전권위원으로 임명하는 조칙문
(이태진·이상찬 편, 《조약으로 본 한국 병합 – 불법성의 증거들》에서 인용)

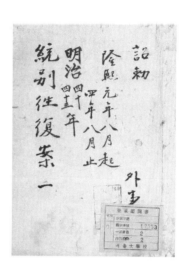

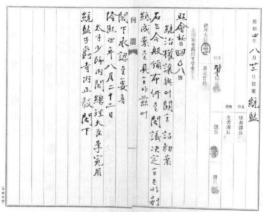

사진 12-2 내각총리대신 이완용을 전권위원으로 임명하는 조칙문
(이태진·이상찬 편, 《조약으로 본 한국 병합─불법성의 증거들》에서 인용)

는 한국 황제의 조칙이다. 이것을 데라우치 통감이 작성하여 이완용에게 전달하였다. 즉 일본제국이 한국 황제에게 한국을 병합해 달라는 요청을 하라고 명령한 것이나 마찬가지다. 이완용은 이에 대해 어떤 이론도 제기하지 않고 잠자코 받아들였다.

한국 대신들의 태도

이날 18일에도 한국 측 대신들은 협의를 하였다. 이완용은 미리 자신과 생각이 같은 농상공부대신 조중응을 시켜 내부대신 박제순과 탁지부대신 고영희를 설득하였다. 두 사람은 쉽게 병합을 받아들이지 않았다고 데라우치는 기록하고 있다.

박제순은 외교관리로서 공사와 대신을 역임하였다. 을사늑약에 조인한 당사자로 이완용과 더불어 "오적" 중 하나이지만 역시 쉽게 병합을 받아들이지는 못하였다. 고영희도 일본공사를 지냈지만 독립협회 창립 발기인이었고 헤이그 밀사사건으로 고종이 퇴위 당했을

사진 13 이완용 내각의 박제순 내무대신

때는 퇴위에 반대하였다. 그가 병합에 곧바로 동의하지 않았던 것도 이해할 수 있다. 그러나 두 사람은 결국 병합을 받아들였다. 병합에 단호하게 반대한 것은 학부대신 이용식이었다. 이용식은 지방관을 역임한 사람으로 1909년에는 친일파로 인식되어 처음으로 대신이 되었다. 그는 이날 협의 자리에서 "임금이 욕을 당하면 신하는 죽는다"고 외치며 최후까지 병합에 반대하였다. 결국 18일 대신회의에서는 결론을 내지 못하였다.

회의 후, 이완용은 앞으로 이용식이 어전회의와 대신회의에 출석하지 못하게 하려고 일본의 수해 피해 위문을 구실로 그를 일본에 파견하기로 결정하였다.[23] 이 명령을 받자, 이용식은 병이 났다고 말하고 두문불출하였다. 결국 일본에는 가지 않았다. 그러나 유일하게 반대파 대신이었던 그는 이후 대신 협의에는 출석할 수 없었다.[24]

19일 이완용은 궁내부대신 민병석, 시종원경 윤덕영을 초청하여 설득을 시도하였다. 민병석은 뿌리부터 수구파로 갑신정변 때 일본으로 김옥균을 쫓아가 살해하려 했으나 실패하였다. 민병석도 저항하지는 않았다고 생각된다. 윤덕영은 순종 비인 순정효황후의 큰아버지였다. 이완용은 두 사람을 설득하려고 하였으나 기밀이 새는 것을 두려워하여 자세히 이야기하지는 않았다. 데라우치 보고에는 "내심을 알아보는 데 그쳤다", "아직 완전히 동의를 얻을 정도에 이르지는 않아 보였다"고 기록되어 있다.[25]

---

23 寺內正毅, 1910, 38~40쪽; 《高宗時代史》 六, 1012쪽.
24 糟谷憲一의 교시에 따른 것이다.

사진 14 궁내부대신 민병석

또한 20일 이완용은 승녕부총관 조민희를 불러 '시국 해결'을 위해 일하도록 하였다. 조민희는 프랑스와 일본의 공사를 지낸 인물이다. 이완용은 조민희에게 친위부장관 이병무, 중추원의장 김윤식, 흥왕 이희(화) 등에게 데라우치 통감의 이야기를 전하고 동의를 받게 하였다.26 이병무는 군인으로 군대가 해산될 때 군부

---

25 寺內正毅, 1910, 39~40쪽.
26 寺內正毅, 1910, 40~42쪽.

사진 15 시종원경 윤덕영

대신이었다. 한편 김윤식은 75세의 최고령으로 간단히 굴복시킬 수 있는 사람이 아니었다. 그러나 데라우치는 이들이 이때는 별다른 반론을 하지 않았다고 보고받았다.

데라우치, 조약의 재가를 본국에 요청

여기까지의 상황을 보고받은 데라우치는 사태를 헤쳐 나갈 수 있다고 생각하였을 것이다. 20일 데라우치는 도쿄의 고무라에게 다음과 같이 보고하면서 미리 조약의 재가를 받기를 원한다고 요청하였다.

> 시국 해결의 교섭은 오늘까지 지체 없이 진행했고, 병합조약에 대해 이전에 이미 승인의 뜻을 표했으므로 2일 후인 22일에는 조인을 마칠 전망이다.

한국 정부가 승인의 뜻을 표명하지 않았음에도 불구하고 그렇게 된다고 정하고 스케줄을 앞당겨 병합을 강행하려고 하였다.

이 요청을 받자 고무라는 21일 천황에 곧바로 병합조약의 재가를 주상하였다. 추밀원의 자문도 받게 되었다. 추밀원 회의는 22일 오전 10시에 열기로 결정되었다.[27] 고무라는 이 시점에서 영국에 조약문과 선

---

27 《日本外交文書》 제43권 제1책, 680쪽.

언서의 영어 번역문을 보내 일본의 한국병합 방침을 전하도록 주영대사에 훈령을 내렸다. 그리고 청국 정부의 대사에게도 청국 정부에 전달해야 할 조약과 선언문이 송부되었다.[28]

8월 22일 병합조약 조인의 날

8월 22일 오전 10시 데라우치는 궁내부대신 민병석, 시종원경 윤덕영을 통감관저로 불러, 이날 어전회의에서 황제는 조약 체결의 결의를 "선시宣示"하고 내각총리대신을 전권위원으로 임명해야 한다고 전하였다. 그리고 이 "가장 중요한 절차"를 확실히 실시하도록 황제에게 주상할 것을 요구하였다. 민병석과 윤덕영은 내각총리대신이 그러한 책임을 지는 것은 곤란하다며 거부하였다. 그러나 데라우치가 이들에게 더 집요하고 강력하게 내각총리대신이 전권위원이 되어야

---

28 앞의 책, 680~685쪽.

힌다고 요구하자 결국 둘은 굴복했다. 두 사람은 데라우치의 "충고를 이해"하고 곧바로 참내하여 주상하겠다고 했다. 데라우치는 두 사람을 신용할 수 없다고 생각하고, 통감비서관 고쿠분 쇼타로国分象太郎를 동행시켰다. 고쿠분은 청일전쟁 시기부터 공사관에서 통역을 담당한 베테랑이었다.

민병석과 윤덕영은 고쿠분과 함께 창덕궁으로 향하였다. 오전 11시 두 사람은 황제를 알현하고 30분 동안 주상했다. 순종이 어떤 말을 했는지는 알려지지 않았다. 순종은 오후 1시에 어전회의를 개최하라는 칙명을 내렸다.[29]

한편 이완용 총리는 이날 오전 11시 〈통치권 양여에 관한 조칙안〉을 "각의 결정"하고 완성된 안에 "각하의 승인을 요구한다"는 문서를 만들어 통감에 보냈다.[30] 이 〈통치권 양여에 관한 조칙안〉은 데라우치에게 받은 전권위임장을 한글로 바꾼 것이다. 끝에는 "모든 신하가 짐의 확신한 바를 몸소 받들라"는 말을

---

29 寺内正毅, 앞의 책, 1910, 43~48쪽.
30 이태진·이상찬 편, 앞의 책, 2010, 240~241쪽.

첨가하였다. 이 문장은 대신들의 복종을 노린 것이었다. 각의에서 결정하였다는 주장 자체가 완전히 허위였다. 이완용은 이 문서를 다른 대신들에게 보여 주지 않았다. 데라우치는 이완용의 거짓문서에 대해 "위는 승인됨"이라고 써서 답하였다. 데라우치가 데라우치의 문서를 승인한 것이다.

오후 1시, 이완용은 박제순, 고영희, 조중응과 함께 창덕궁으로 입궐하였다. 이병무도 함께했다. 조금 뒤에 흥왕 이희와 김윤식도 도착하였다. 김윤식이 흥왕의 생일 축하모임에 참석했을 때 흥왕과 김윤식에게 소집 명령이 내려져 바쁘게 집으로 가 복장을 갈아입고 궁으로 온 것이다. 오후 2시에 순종이 민병석, 윤덕영과 함께 내전에 모습을 드러냈다.

회의가 시작되자 이완용 총리는 사태를 설명하였다. 순종은 말없이 전권위임장에 자신의 이름을 적고 국새를 찍게 하여 총리에게 전달하였다. 여기서 이완용은 처음으로 병합조약문을 선보이고 조문을 설명하였다.

회의 출석자의 반응은 김윤식의 일기 《녹음청사綠陰晴史》에 짧게 적혀 있다.[31] "모든 신하는 서로 얼굴을 마주하였는데 얼굴은 굳어졌다." 흥왕 이재면은 "망극

사진 16 병합조약 당시 김윤식 중추원 의장

(슬프기 그지없다)"이라고 말하였다. 망극은 "망국"과 발음이 가까우므로 어쩌면 "망국"이라 했을지 모른다고 가스야 겐이치는 보고 있다.

이완용 총리는 "상황상 어쩔 수 없다"고 변명하였다. 김윤식은 홀로 "불가하다"고 분명히 말하였다. "불가"는 "반대다"라는 의미다. "다른 대신들은 말이 없었다."

순종 황제가 무슨 말을 했는지는 기록되지 않았다.

---

31 《續陰晴史》下, 国史編纂委員会, 1971, 330쪽.

고쿠분 통감비서관이 이 자리에서 전부를 지켜보고 통감에게 보고하였다.32

김윤식은 일기에 "궁전을 내려가니, 도로 경치가 처참하였다"고 적었다. 아직 8월의 태양은 하늘에 있고 밝았다. 그러나 나라가 병합되어 망국이 결정된 뒤에는 익숙한 창덕궁의 대문, 돈화문까지의 길, 그 앞의 거리 광경이 이 세상의 것이라고는 생각되지 않은 별세계로 보였을 것이다.

오후 4시, 이완용 총리는 순종이 서명한 조칙, 전권위임장을 가지고 데라우치가 기다리고 있는 통감관저에 갔다. 데라우치는 이 문서를 눈으로 확인하고 "그 완전하고 타당함을 승인"하였다고 기록하였다. 자신이 만들고 건넨 문서에 승인을 한 것은 이것이 두 번째다. 승인했다니, 이는 너무나 기만적이다. 당시 데라우치는 그가 보여 줘야 할 전권위임장을 제시하지 않았다.

여기서 데라우치는 "시국 해결이 이와 같이 정숙

---

32 寺內正毅, 앞의 책, 1910, 47~48쪽. 이 칙서는 이태진·이상찬 편, 2010, 242쪽에 실려 있다.

사진 17 〈한국병합조약〉 일본어본(서울대학교 규장각한국학연구원 소장,
이태진·이상찬, 《조약으로 본 한국 병합》, 250, 253쪽)

하고 원만히 실행되는 것은 쌍방의 행복이며 무엇보
다 축하할 바"라고 인사하였다. 그 후 데라우치와 이
완용은 병합조약 일본어판과 한글판에 서명하였다. 데
라우치는 "통감 자작 데라우치 마사타케"라고 서명하
고 이완용은 "내각총리대신 이완용"이라고 서명하였
다.[33] 조약문은 모두 통감부에서 준비한 것이다.

　결국 병합조약의 조인은 대등한 조약을 맺을 자격
이 없는 자끼리, 즉 지배국의 대표자와 그 지휘감독을
받는 피지배국의 관리가 연출한 조약 조인의 연극이었

---

33 寺内正毅, 앞의 책, 48~50쪽.

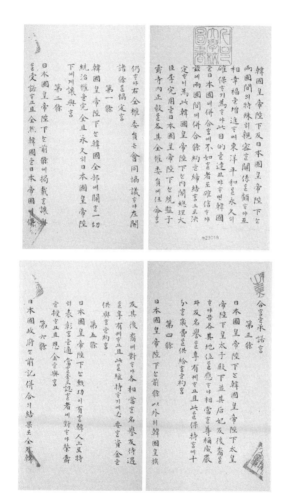

사진 I8 〈한국병합조약〉 한국어본(서울대학교 규장각한국학연구원 소장, 이태진·이상찬, 《조약으로 본 한국 병합》, 244, 246~247, 249쪽)

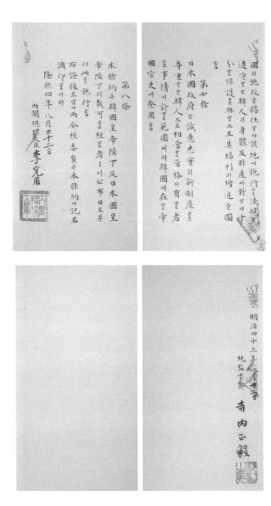

사진 18-2 〈한국병합조약〉 한국어본(서울대학교 규장각한국학연구원 소장,
이태진·이상찬, 《조약으로 본 한국 병합》, 244, 246~247, 249쪽)

다. 데라우치 통감이 전권위임장을 제시하지 않았어도 일본의 대표자였음은 논란의 여지가 없다. 그런 그가 서명하였다. 거기까지는 확실하다. 그러나 다른 한편에서 서명한 대한제국 총리대신 이완용은 이 나라의 외교와 내정을 지휘하는 데라우치 통감의 명령에 따랐고, 그의 허가를 받았다. 데라우치가 만든 황제의 전권위임장 칙서에 서명과 옥새를 얻어 데라우치를 방문하였고, 데라우치로부터 받은 병합조약에 서명했다. 서명은 분명 스스로의 손으로 하였으나 모든 것은 데라우치 통감의 명령, 지시에 따른 것이므로, 이완용은 데라우치의 대리인에 지나지 않았다. 그렇기 때문에 이 조약 체결이라는 것은, 데라우치와 데라우치가 서명한 1인 2역 연극, 1인극이나 다름없다. 이것은 어떻게 보더라도 "양자의 완전한 의사, 평등한 입장에서 체결되었다"고 할 수 없고 "효력이 발생하였다"고 할 수도 없다. 데라우치 통감이 서명했기 때문에 통감의 구상서(口上書: 토론의 기록 등을 적어서 상대국에 수교하는 외교 문서)라고 말할 수 있을지 모르지만 조약으로서는 도저히 인정할 수 없다.

데라우치는 조인한 뒤, "병합조약 및 양국 황제폐하

의 조칙은 모두 양방이 합의하에 동시에 공포할 것",
"위의 조약 및 조칙은 언제라도 공포할 수 있도록 곧
바로 필요한 절차를 해 둘 것"이라는 2개의 〈각서〉에
도 이완용이 서명하도록 하였다.[34] 이태진 교수는 이
것이 비준서를 대신하는 것이라고 주장한 적이 있는
데, 조약의 공포와 발효는 조약 자체에 적혀 있는 것
으로 새삼 말할 필요도 없다. 이 각서의 의미는 한국
황제의 조칙을 마련하여 조약 공표와 동시에 발표한다
는 약속을 이완용에게 받아 낸 데에 있다.

한국 황제의 조칙 문제

한국 황제의 조칙에 대하여 이태진 교수는 일본이
밥상을 다 차린 것이라고 주장한 바 있다. 이것에 대
하여 운노 교수는 한국 측의 수정이 있었던 것으로

---

34 이태진·이상찬 편, 앞의 책, 2010, 276쪽.

보아 조칙은 한국이 작성하였다고 주장하였다. 운노 교수가 발견한 자료에는 다음과 같은 것이 있다.

데라우치는 조인 5일 뒤인 8월 27일 오후 2시 30분 "한일병합에 관한 한국 황제 조칙문은 별지와 같이 결정하고, 오늘 재가를 얻어 29일 병합조약과 함께 발표될 것"이라고 고무라에 문안을 보냈다. 이것이 전보 50호다. 이로부터 4시간 20분 뒤에 데라우치는 "전 황제의 조칙문은 아래와 같이 수정되었다"는 새로운 문안을 보냈다. 이것이 전보 51호다.[35]

첫 번째 전보는 통감부가 자신감을 가지고 결정한 조칙문일 것이다. 이것이 몇 시간 뒤에 수정되었다면 한국 측이 중대한 수정 요구를 했기 때문이라고 밖에 생각하지 않을 수 없다. 그렇다면 최초의 안과 수정안 모두 통감 측이 작성한 것이지만, 최초의 안에 대해 한국 정부 각료가 너무 굴욕적이라고 반발하며 받아들이지 않았기 때문에 수정할 수밖에 없었고 확정안을

---

35 이태진 편, 앞의 책, 1995, 203쪽; 海野福壽, 앞의 논문, 1999, 272쪽. 운노 교수의 자료는 《일본외교문서》 제43권 제1책, 701~702쪽이다.

정리하여 나름 전보를 보냈다고 추정할 수 있다. 자신 만만하게 본국에 보낸 문안을 데라우치가 직후에 수정 했을 리는 없고, 어쩔 수 없이 수정을 요구해야 할 사 정이 생겼다면, 한국이 저항했기 때문이라고 생각할 수 있다. 그렇다면 이태진 교수의 일본 측 조작설을 비판하기 위해 운노 교수가 발견한 데라우치의 전보는 오히려 한국 황제의 조칙을 통감 측이 만들었다는 것 을 증명하게 된다.

아시아역사자료센터의 한국병합 서류 중에는 〈한제 조칙문韓帝詔勅文(데라우치 통감이 다시 보낸 전보)〉이 라는 일본문이 포함되어 있다. 이것은 《일본외교문서》 제43권 제1분책에 수록되어 있는 것과 동일하다. 이것 이 최종적으로 한자와 한글이 섞인 한국 황제의 〈칙 유〉가 된다. 이것은 이태진 교수 등이 집필한 2010년 사료집에 수록되어 있다.

우선 데라우치가 보낸 일본문의 〈한제조칙문〉을 살 펴보자.

朕否德ニシテ艱大ナル業ヲ承ケ、臨御以後今日ニ至ル迄、維
新ノ政令ニ関シ丞図シ備試シ用力未ダ嘗テ至ラスムハア

ラスト雖、由来積弱痼ヲ成シ、疲弊極処ニ到ル。時日間ニ挽回ノ施措望ナシ。昼夜憂慮善後策茫然タリ。之ニ任ジ支離益甚シケレバ自ラ終局収拾シ得ザルニ底ラン。寧ロ大任ヲ人ニ託シ完全ナル方法ト革新ナル功効ヲ奏セシムルニ如カズ。故ニ朕茲ニ於テ翟然内ニ省ミ廓然自ラ断ジ、茲ニ韓国ノ統治権ヲ従前ヨリ親信依仰シタル隣国大日本帝国皇帝陛下ニ譲与シ、外東洋ノ平和ヲ鞏固ニシ内八域ノ民生ヲ保全セムトス。惟フニ爾大小臣民国勢ト時宜ヲ深察シ、煩憂スルコトナク各其業ニ安ンジ日本帝国ノ文明新政ニ服従シ幸福ヲ享受セヨ。朕ノ今日此ノ挙ヤ爾有衆ヲ忘ルルニ非ラズ。亶ラ爾有衆ヲ救活セムトスルノ至意ニ出ツ、爾臣民等ハ朕ノ此意ヲ克ク体セヨ

짐이 부덕否德하여 간대艱大한 업을 이어받아 임어臨御한 이후 오늘에 이르도록 유신維新 정령에 관하여 계속 도모하고 갖추어 시험하여 힘씀이 이르지 않는 것이 아니로되, 원래 허약한 것이 쌓여서 고질이 되고 피폐가 극도에 이르러 시일 간에 만회할 시책을 행할 가망이 없으니 한밤중에 우려함에 선후책이 망연하다. 이를 맡아서 지리멸렬함이 더욱 심해지면 끝내는 저절로 수습할 수 없는 데 이를 것이니 차라리 대임大任을 남에게 맡겨서 완전하게 할 방법과 혁신할 공효功效를 얻게 함만 못하다.

그러므로 짐이 이에 결연히 하고 확연히 스스로 결단을 내려 이에 한국의 통치권을 종전부터 친근하게 믿고 의지하던 이웃 나라 대일본 황제폐하에게 양여하여 밖으로 동양의 평화를 공고히 하고 안으로 팔역八域의 민생을 보전하게 하니, 그대들 대소 신민들은 국세와 시의를 깊이 살펴서 번거롭게 소란을 일으키지 말고 각각 그 직업에 안주하여 일본 제국의 문명한 새 정치에 복종하여 행복을 함께 받으라.

짐의 오늘의 이 조처는 그대들 민중을 잊음이 아니라 참으로 그대들 민중을 구원하려고 하는 지극한 뜻에서 나온 것이니 그대들 신민들은 짐의 이 뜻을 능히 헤아리라.

다음으로 최종 발표된 한글문의 황제 〈칙유〉를 보자.

皇帝若曰朕이否德으로艱大한業을承하야臨御以後로今日에至로록維新政令에關하야丞図하고備試하야用力이未嘗不至로뒤由來로積弱이成痼한고疲弊가極処에到하야時日間에挽回할施措無望하거中夜憂廬에善後할策이茫然하지좌此를任하야支離益甚하면終局에收拾을不得하기에自底할진即無寧히大任을人의게託하야完全할方法와革新할功効를奏게함

但不如한故로朕이於是에翟然히内省한고廓然히自断하야兹
에韓国의統治権을従前으로親信依仰하든隣国大日本帝国皇
帝陛下긔讓与하야外으로東洋의平和를鞏固게하고内으로八
域民生을保全게하노니惟爾大小臣民은国勢와時宜를深察하
야,勿為煩憂하고各安其業하야日本帝国文明新政을服従하야
幸福을共受하라,朕의今日此挙는爾有衆을忘함이아니라爾有
衆을救活하자하는至意에亶出함이니,爾臣民等은朕의此意를
克体하라.36

이를 보면, 조칙안의 일본문이 먼저 작성되었고 이
를 바탕으로 한글이 섞인 한문으로 직역하여 칙유가
만들어졌다고 추정할 수 있다.

8월 27일 밤부터 28일 사이에 순종 황제에게 이 수
정한 조칙에 서명하고 국새를 찍도록 설득했을 것이
다. 그러나 황제는 서명하지 않았다. 1926년에 순종은
전 궁내대신 조정구에게 유조(遺詔: 임금의 유언)를 내
렸다. 순종의 유조는 미국에서 발행되던 《신한민보新韓
民報》 1926년 7월 8일자에 게재되었다. 여기에서 순종

---

36 이태진·이상찬 편, 앞의 책, 2010, 282~283쪽.

사진 19 한국황제의 〈칙유〉(서울대학교 규장각한국학연구원 소장,
이태진·이상찬, 《조약으로 본 한국 병합》, 282, 283쪽)

은 "과거의 병합 인준은 강린強隣이 역신逆臣의 무리와
함께 마음대로 행하고 멋대로 선포한 것이지, 모두 짐
이 행한 것이 아니다"라고 말하였다.37 이 기사를 발
굴한 이태진 교수는 이는 믿을 만한 고백이라고 본다.

황제가 서명을 거부하여 국새를 찍을 수 없게 되었
다. 그래서 〈조칙〉이라는 가장 중한 형식을 취하지 못
하고 일반 행정 명령인 〈칙령〉에 준하는 것으로 하였
다. 서명을 빠뜨려도 국새가 아니라 '칙명의 보배'라는
어새를 찍으면 된다고 하여 '칙유'라고 부르기로 한
것으로 생각된다. '칙명의 보배'인 어새는 1907년 7월

---

37 이태진·이상찬 편, 앞의 책, 2010, 294~295쪽.

이후 통감부가 빼앗아 보관하고 있었기 때문에 이를 사용하는 것은 전혀 문제가 없었다.

한국 측에 남겨진 자료에 따르면 8월 29일 이완용은 한국 황제의 〈칙유안〉을 결정하고 승인을 요청하는 문서를 데라우치에게 보냈다. 〈조칙〉이 〈칙유〉로 고쳐졌다. 데라우치는 즉각 승인한다고 회답하였다.

〈칙유〉의 문장은 자학적일 정도로 비하한 한국 황제

사진 20 한국내각 총리대신의 〈통치권 양도에 관한 칙유안〉 승인 요청에 관한 조회
(서울대학교 규장각한국학연구원 소장, 이태진·이상찬 《조약으로 본 한국병합》, 278쪽)

의 항복 선언으로 되어 있다. 기초자는 한국 황제를 철저히 무능한 자로 욕보이고 있다.

결국 병합조약 체결의 연극에서 데라우치 통감은 한국 황제의 이름으로 일본 천황에게 "한국의 통치를 짐이 가장 신뢰하는 대일본제국의 폐하에게 양여하기로 결정했다"(황제의 조칙), "한국 황제폐하는 한국 전부에 관한 일체의 통치권을 완전하고 영구히 일본국 황제폐하에게 양여한다"(조약 정문), "한국의 통치권을 종래부터 신의에 따라 이웃 국가 대일본제국 황제폐하에 양여하고"(황제 칙유)라고 세 번이나 표명하게 하였다. 모두 데라우치 측이 작문한 것을 황제의 이름으로, 황제 정부의 이름으로 발표하게 한 것이었다.

일본 제국이 한국 전 국토를 군사 점령한 힘에 의해 한국을 강제 병합한 것은 불의不義 부당不當한 일이었다. 그렇지만 그 병합을 한국 황제가 청원했기 때문에 일본 천황이 승낙하고, 실행한 것이라는 거짓 이야기를 조약이라는 문서를 중심으로 거듭 설명한 것도, 병합 이상으로 중대한, 조선 민족을 욕보이는 불의 부당한 행위였다.

제5장

병합의 선포

제5장 사진: 한국 강제병합 조약이 발효되던 1910년 8월 29일
경복궁 근정전에 오른 일장기

천황의 병합조서

일본이 한국을 병합한 것은 스스로의 결정이자 의사의 실현이었다. 그러므로 1910년 8월 29일 정부가 발표한 〈한국병합조서〉는 가장 중요한 문서다. 다음 날인 8월 30일 관보 호외 맨 앞과 일반신문 지면 중앙에 어명어새 및 대신연서大臣連署와 함께 다음의 〈조서〉가 발표되었다.

朕、東洋ノ平和ヲ永遠ニ維持シ帝国ノ安全ヲ將來ニ保障スルノ必要ナルヲ念ヒ、又常ニ韓国カ禍乱ノ淵源タルニ顧ミ、曩ニ朕ノ政府ヲシテ韓国政府ト協定セシメ、韓国ヲ帝国ノ保護ノ下ニ置キ、以テ禍源ヲ途絶シ平和ヲ確保セムコトヲ期セリ。爾来、時ヲ経ルコト四年有餘、其ノ間、朕ノ政府ハ鋭意韓国施政ノ改善ニ努メ、其ノ成績亦見ルヘキモノアリト雖、韓国現制

ハ尚未タ治安ノ保持ヲ完スルニ足ラス。疑懼ノ念、毎ニ国内ニ充溢シ、民其ノ堵ニ安セス。公共ノ安寧ヲ維持シ、民衆ノ福利ヲ増進セムカ為ニハ、革新ヲ現制ニ加フルノ避ク可ラサルコト瞭然タルニ至レリ。

짐은, 동양의 평화를 영원히 유지하고 제국의 안전을 장래에 보장할 필요가 있다는 점을 염두에 두고 항상 한국이 화란의 연원임을 돌이켜보고 앞서 짐의 정부로 하여금 한국 정부와 협정을 맺게 하여, 한국을 제국의 보호 아래 두어 화가 되는 근원을 끊어 버림으로써 평화를 확보할 것을 기하였다. 그로부터 시간이 흐르기를 4년 남짓 짐의 정부는 열심히 한국의 시정을 개선시키기 위해 노력했고 그 성적 또한 볼 만한 것이 있으나, 한국의 현 체제는 아직 치안 유지를 완전히 하기에 부족하다. 의구심이 매번 국내에 넘치고 민은 안도하지 못한다. 공공의 안녕을 유지하고 민중의 복리를 증진시키기 위해서는 현 체제에 혁신 가하기를 피할 수 없다는 것이 분명하게 이르렀다.

이 부분은 6월에 승인된 〈조칙안〉이다. 그러나 그 다음은 원문에 있던 병합조약 체결을 전제로 한 천황과 한국 황제의 교섭 결과를 완전히 뺀 것으로, 그 내

合スルコトトナセリ
韓國皇帝陛下及其ノ皇室各員ハ併合ノ後
ト雖相當ノ優遇ヲ受クヘク民衆ハ直接
朕カ綏撫ノ下ニ立テリ其ノ康福ヲ増進
スヘク産業及貿易ハ治平ノ下ニ顕著ナ
ル發達ヲ見ルニ至ルヘシ而シテ東洋ノ
平和ハ之ニ依リテ愈々其ノ基礎ヲ鞏固
ニスヘキハ朕ノ信シテ疑ハサル所ナリ
朕ハ特ニ朝鮮總督ヲ置キ之ヲシテ朕ノ命
ヲ承ケテ陸海軍ヲ統率シ諸般ノ政務ヲ總

制ハ尚未タ治安ノ保持ヲ完スルニ足ラ
ス疑懼ノ念毎ニ國内ニ充溢シ民其ノ
堵ニ安セス公共ノ安寧ヲ維持シ民衆ノ
利ヲ増進スル為ニハ革新ヲ現制ニ加フ
ルノ避クヘカラサルコト瞭然タルニ至
レリ
朕ハ韓國皇帝陛下ト與ニ此ノ事態ニ鑑
ミ韓國ヲ擧テ日本帝國ニ併合シ以テ時
勢ノ要求ニ應スルノ已ムヲ得サルモノ
アルヲ念ヒ茲ニ永久ニ韓國ヲ帝國ニ併

朕東洋ノ平和ヲ永遠ニ維持シ帝國ノ安
全ヲ將來ニ保障スルノ必要ナルヲ念ヒ
又常ニ韓國カ禍亂ノ淵源タルニ顧ミ曩
ニ朕ノ政府ヲシテ韓國政府ト協定セシ
メ韓國ヲ帝國ノ保護ノ下ニ置キタルハ
禍源ヲ杜絶シ平和ヲ確保セムコトヲ期
セシニ
爾来時ヲ經ルコト四年有餘其ノ間朕ノ
政府ハ鋭意韓國施政ノ改善ニ努メ其ノ
成績亦見ルヘキモノアリト雖韓國ノ現

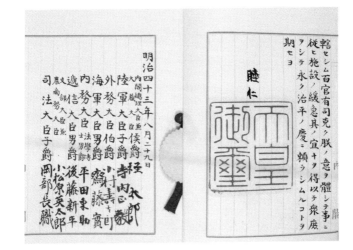

期セヨ
韓國ヲシテ百官有司克ク朕ノ意ヲ體シテ事ニ
從ヒ施設ノ緩急其ノ宜ヲ得シ以テ衆庶
ヲシテ永ク治平ノ慶ニ頼ラシムルコトヲ
期セヨ

睦仁
天皇御璽

明治四十三年八月二十九日
内閣總理大臣 侯爵 桂太郎
外務大臣 伯爵 小村壽太郎
陸軍大臣 子爵 寺内正毅
海軍大臣 男爵 齋藤實
内務大臣 子爵 平田東助
遞信大臣 男爵 後藤新平
大藏大臣兼農商務大臣
司法大臣 男爵 岡部長職

사진 21 한국병합 〈조서〉(이태진·이상찬,《조약으로 본 한국 병합》, 290, 291쪽)

봉은 다음과 같다.

　짐은 한국 황제폐하와 함께 이번 사태를 돌아보며, 한국
을 일본제국에 병합하는 것이 시대의 요구에 부응하여 어
쩔 수 없다고 생각하며 이에 한국을 제국에 병합하기로
했다.

　朕ハ韓国皇帝陛下ト與ニ、此ノ事態ニ鑑ミ、韓国ヲ挙テ日本帝
国ニ併シ、以テ時勢ノ要求ニ応スルノ已ムヲ得サルモノア
ルヲ念ヒ、茲ニ韓国ヲ帝国ニ併合スルコトトナセリ。

　겨우 "한국 황제폐하와 함께〔韓国皇帝陛下ト與ニ〕"라
는 단어만 넣었을 뿐 한일 양자 간의 조약 체결이라
는 것을 완전히 무시하고, 일본 정부의 의사에 의한
병합을 강조하는 문장으로 수정한 것이다. 이 수정을
고무라 외상이 주도한 것은 분명하다.

　한국 황제폐하 및 그 황실 각 구성원은 병합 후에 상
당한 대우를 받고, 민중은 직접 짐이 어루만져 달래어
강복을 증진시키고 산업 및 무역은 세상이 잘 다스려져
평온한 상태에서 현저한 발달에 이르게 된 것이다. 그리

고 동양의 평화는 이에 따라 그 기초를 굳건히 할 것임을 짐은 믿어 의심하지 않는 바이다.

짐은 조선총독을 두어 짐의 명령을 받들어 육해군을 통솔하고 제반의 정무를 총괄하게 할 것이다. 모든 조정의 벼슬아치[百官有司]들은 짐의 뜻을 명심하고 일에 순종하여 시설의 완급을 잘하여 거민들에게 영구한 치평의 경사를 누리게 할 것을 기하라.

御名 御璽

明治四十三年八月二十九日(메이지 43년 8월 29일)

內閣總理大臣兼大藏大臣 侯爵 桂太郎

(내각총리대신 겸 오쿠라 대신 후작 가쓰라 다로)

陸軍大臣 子爵 寺內正毅

(육군대신 자작 데라우치 마사타케)

外務大臣 伯爵 小村壽太郎

(외무대신 백작 고무라 주타로)

海軍大臣 男爵 齋藤実

(해군대신 남작 사이토 마고토)

內務大臣 法學博士男爵 平田東助

(내무대신 법학박사 남작 히라다 도우스케)

遞信大臣 男爵 後藤新平

(체신대신 남작 고토 신페이)

文部大臣兼農商務大臣　小松原英太郎

(문부대신 겸 농상무대신 고마쓰 바라에이타로)

司法大臣　子爵　岡部長職[1]

(사법대신 자작 오카베 나카모토)

　한국에 있는 데라우치가 언제 이 조서 원본에 서명
했는지는 분명하지 않다. 그러나 데라우치에게는 통감
으로서 한국을 기만하는 병합조약에 서명한 것보다 위
의 병합조서에서 천황의 서명에 연서한 것이 훨씬 중
요한 의미가 있는 행위였다. 데라우치는 일본제국의
대표, 한국 정부의 외교·내정의 책임자 두 가지 역할
을 했을 뿐 아니라 천황의 병합조서에도 육군대신으로
연서함으로써 1인 3역의 연기를 한 것이다. 데라우치
1인극의 완성이었다.

　일본제국은 이 조서에 의해 한국병합을 선포하고
천황의 대권에 의한 식민지 지배를 실현하기 시작했
다. 이 조서는 일본 식민지배의 법적 근거가 되었다.

　이 조서와 함께 대규모의 사면과 그해의 세금을

---

[1] 《官報》號外, 1910년 8월 29일;《東京朝日新聞》1910년 8월 30일.

감면하는 조서, 조선귀족령을 발포하는 황실령이 내려졌다.

이어 《관보》 호외 2호에 병합조약이 공표되었고, 아울러 한국과 조약을 맺은 10개국에게 〈한국병합에 관한 선언〉이 발표되었다. 여기서는 "한 개의 조약을 체결하여 한국을 일본제국에 병합하기로 하였다"라고 병합조약 체결이 언급되어 있다. 여기에도 "조약에 의하여 일본제국 정부는 동 조약에 의해 한국을 일본국에 병합"이라고 되어 있다.[2] 대외적으로는 조약에 따라 병합하였다고 설명하는 형태다. 조약이 병합을 대외적으로 설명하기 위해 사용되었음은 틀림없다.

다른 나라들은 일본의 한국병합에 어떠한 의견도 제시하지 않고 승인하였다. 이 선언에 서술된 조약을 체결하고 병합하였다는 설명에 특별한 의미를 부여하지 않았다. 일본이 국가 의지로 한국을 병합하였다고 하는 것을 그대로 받아들였다고 해도 될 것이다. 이것이 제국주의 세계의 현실이었다.

---

2 《官報》 號外, 2호 1910년 8월 30일.

고무라 외상의 병합 발표

고무라 주타로 외상은 8월 29일 오전 8시에 기자를 모아 일장 연설을 하였다. 고무라는 병합까지의 "전말"을 솔직하게 이야기하였다. 일본 정부는 "작년 7월 한국병합의 방침을 확정"했고 정세에 따라 필요해져서 "결연히 이를 결행하기로 결정"하였다. 데라우치 통감은 8월 16일부터 한국 측과 만나 일본 정부의 방침을 설명했고, 만남을 거듭하면서 한국 측에 병합을 부득이한 것으로 받아들이게 하였다. "한일 양국 정부의 의지가 모두 일치"한다고 보았기 때문에 통감은 20일 밤 일본 정부에 병합조약안의 재가를 요청했다. 천황이 22일 추밀원의 논의를 거쳐 재가를 내리자 일본 정부는 통감에 "조약 조인을 인허"하였다. "한국 정부도 역시 같은 날 22일에 조약안을 한국 황제폐하에게 바치고〔奏呈〕 그 재가를 청하기에 이르렀다. 조약안이 재가되었으므로 "같은 날 … 병합조약의 조인을 마치기에 이르렀다."3 고무라는 한국 황제에게 조약문을 보

---

3 《東京朝日新聞》 1910년 8월 30일.

인 것이 조인 당일이었다는 것을 숨김없이 말한 것이
다. 일본이 한국에 병합을 강요하였다는 것을 숨길 마
음이 전혀 없었다.

병합의 반향

8월 30일 일본 신문 각지는 한국병합을 대대적으로
보도하였다. 아사히신문 일면 광고란에는 《독학한어대
성獨學韓語大成》과 《한어통韓語通》이라는 두 권의 책을
선전하는 마루젠의 광고가 톱으로 실려 있다.

"조선으로 가라, 조선으로 가라, 조선은 이제 외국이 아
니다."
"조선은 닫혀있는 보물 창고다. 지금 이 보고의 부는
제군에게 제공되고 제군의 팔로 가질 수 있다."

2면의 최상단에는 〈이왕 고별사〉라는 제목으로 황제
순종의 〈칙유〉가 실렸고 데라우치의 〈유고〉가 이어지

고 있다. 2면 중앙에는 한국병합조서가 실렸다. 3면에
는 사설 〈조선〉이 실렸는데 이것은 조서를 해설한 것
이다. 사설의 다음에 조약 내용이 있고, 3면 중앙에는
일본제국의 새로운 지도를 넣었다.

한국에도 8월 29일 신문의 호외와 고시 등이 게시
되어 병합이 알려졌다. 대한제국은 지상에서 소멸되고
일본제국에 편입된 지역은 이후 조선이라고 불린다고
고시하였다. 김윤식의 일기에는 다음의 순서로 문서가

사진 23 아사히신문 1910년 8월 30일 2면과 3면

필사되어 있다. 먼저 황제 22일 조칙(전권위임장), 황제 29일 〈칙유〉, 조약 정문, 일본황실의 〈조서〉다. 그리고 이외에 〈통감 훈령 유고〉도 있다고 기록되어 있다.[4]

데라우치 통감이 발표한 〈유고〉의 내용은 다음과 같다.

---

[4] 김윤식, 앞의 책, 1971, 331~335쪽.

병합의 반향   135

본관은 대명을 받들어 조선통치의 임무를 맡는다. 이에 시정 요령을 제시하고 상하上下에 유고한다.

일본 천황폐하는 조선의 안녕을 보장하고 동양평화를 유지하기 위해, 전 한국 군주의 희망을 받아들여 한국을 병합한다. 이후 전 한국 황제는 창덕궁이왕전하로, 한국의 태자는 왕세자王世子 은恨 전하 … 라고 칭하며 황족의 예우를 받는다. … 현량한 신료는 영작을 하사하고 그 재능에 따라 제국 관리로 등용한다.[5]

병합을 발표한 날 한국은 일본군의 엄중한 경계 태세 아래 완전히 평정이 유지되었다. 군의 보고서에는 "경성 및 용산에서 한국인은 게시판 아래에 모여 칙어를 열독하고, 삼삼오오 모여 속삭이는 이가 있다 하나 대체로는 평상시와 다를 것이 없어, 다른 경비 배치를 할 필요가 없다"고 기록되어 있다. 국내 곳곳도 "대체로 평온하다"고 적혀 있다.[6]

그러나 망국의 비운을 한탄한 이들 중에는 병합에 항의하여 자결하는 사람도 나왔다. 박은식의 《조선독

5 《東京朝日新聞》 1910년 8월 30일.
6 吉田源治郎, 앞의 논문, 1911, 168~169쪽.

사진 24 주러시아 공사 이범진

립운동지혈사》에는 그 수가 28명에 달하였다고 되어
있다.7 그 가운데는 주러시아 공사 이범진도 있었고
시인 매천 황현도 있었다. 아편을 삼켜 죽은 매천이
수첩에 남긴 절명시 4수가 알려져 있다. 제3수를 여기
에 적어 본다.8

---

7 朴殷植, 《朝鮮獨立運動の血史》, 平凡社, 1972, 70쪽.
8 황현 지음, 허경진 옮김, 《매천야록》, 서해문집, 2006, 457쪽에
  서 재인용.

　　鳥獸哀鳴海岳嚬(금수도 슬피 울고 산하도 찡그리니)

　　槿花世界已沉淪(무궁화 이 나라가 이젠 망해 버렸다네)

　　秋燈掩卷懷千古(가을 등불 아래 책 덮고 회고해 보니)

　　難作人間識字人(인간 세상 식자 노릇 참으로 어렵구나)

　일본에서는 두 편의 일본 전통시가 알려져 있다. 그 첫 번째는 데라우치 통감이 주연酒宴에서 불렀던 노래다.

小早川　小西　加藤が世にあらば　今宵の月を　いかにみるらむ(고바야가와, 고니시, 가토가 세상에 있다면 오늘밤의 달을 어떻게 볼 것인가)[9]

또 한 편은 도쿄에서 병합을 보도한 신문의 지면을 보면서 젊은 시인 이시카와 다쿠보쿠石川啄木가 부른 노래다.

地図の上　朝鮮国にくろぐろと　墨をぬりつつ　秋風をきく(지도 위 조선국에 새까맣게 먹칠을 하면서 가을 바람을 듣는다)

9년 후

병합을 승인한 구한국 정부의 각료들 전원에게 자

---

9 임진왜란 때 조선을 침략했던 3명의 무장이다(역자 주).

삭의 지위가 주어졌다. 김윤식은 저항했으나 벗어날 수 없었다. 고종과 순종의 요청을 받아 그는 자작 지위를 받았다. 더욱이 중추원 부의장으로 임명받았지만 그것만은 사퇴하고 이후에는 일도 나가지 않았다고 한다.10 병합에 반대하여 일본행을 명받았지만 병을 이유로 각의에는 나오지 않았던 이용식도 자작 지위를 받았다.

그로부터 9년 뒤 1919년 3월 1일 조선 전역에서 민중, 지식인의 독립운동이 일어났다. 경성으로 개칭된 도시의 공원에서 민족대표 33인이 서명한 〈독립선언서〉가 낭독되었다.

우리들은 여기에서 우리 조선국이 독립국이며 조선인이 자유의 백성임을 선언한다.

이러한 거대한 운동 속에 칩거 중이던 김윤식이 이용식과 함께 연명으로 일본총리 하라 다카시原敬에게 편지를 보낸 것으로 알려졌다.

---

10 김윤식, 앞의 책, 1971, 337~338, 340쪽.

한일합방, 이에 10년 재물을 불리고 이익을 늘리고 폐단을 없애며, 다소 좋아졌다고 할지라도 아직까지는 백성이 편안하다고 할 수 없다. 근래에 독립의 소리 거리에서 제창하니, 많은 백성들의 같은 소리가 이에 수일간 전국에 파동쳐 부녀자와 어린아이에게까지 이르고 있다.

목하 해결책은 설유說諭로는 돌이키지 못하고 위력으로 굴복시킬 수 없다. 다만 하늘의 뜻에 따라야(在上順天) 할 때, 민정을 살펴봐 주시고 일본 스스로 먼저 조선의 독립을 인정하고 넓은 도량으로 의를 천하에 보여 주시길‖

두 사람은 체포되어 조사를 받았으나 예심에서 석방되었다. 재판 결과 집행유예 3년을 선고받고 작위는 박탈당하였다고 한다.

‖ 앞의 책, 607~608쪽.

나가는 글

아베 총리는 전후 70년 담화 앞부분에서 "(일본은) 아시아에서 최초로 입헌정치를 수립하고 독립을 지켜 냈습니다. 러일전쟁은 식민 지배를 받고 있었던 많은 아시아와 아프리카의 사람들에게 용기를 주었습니다." 라고 하였다. 이것을 읽고 역시 총리는 러일전쟁의 결과 한국을 병합하고 식민지로 만들었다는 것은 생각하고 싶지도 않구나라고 느꼈다.

2019년 총리의 친구로 알려진 햐쿠타 나오키百田尚樹가 2018년에 출간한 《일본국기国紀》의 평판을 듣고 직접 읽어 보았다. '한국병합'의 장이 눈에 들어왔다.

"한국병합은 무력을 이용한 것도 아니고 대한제국 정부

의 의향을 무시하고 무리하게 한 것도 아니다. 어디까지
나 양국 정부 합의하에 이루어진 것으로 당시의 국제사
회가 환영한 것이다. 물론 조선인 중에는 병합에 반대한
사람들도 있었으나 병합이 비합법이라고 할 수는 없다."

나는 이 문장을 읽고 마음이 싸해졌다. 병합에 대해
말하려면 데라우치 마사타케의 병합보고서를 읽지 않
으면 안 되고, 그 자료를 읽는다면 이런 글은 쓸 수
없을 것이다.

한일조약이 과거 50년 동안 양국 관계를 지탱해 온
중요한 조약이라는 데 동의한다. 그만큼 중요한 조약
이라면 역사에 관한 제2조 '이미 무효'의 해석 차이를
영구히 방치해 둘 수 없다. 이 문제를 해결하기 위해
서는 역사를 살펴보는 것이 필요하다.

이 책을 읽어 주신 독자들은 이 문제에 어떻게 답
할지 저자로서 궁금하다.

역자의 말

와다 하루키和田春樹 도쿄대 명예교수가 2019년에 이와나미岩波서점에서 발간한 《韓国併合110年後の真実 -条約における併合という欺瞞》을 번역하여, 지식산업사에서 《한국병합 100년 후의 진실 -조약에 의한 병합이라는 기만》으로 발간하게 되었다.

와다 교수는 러시아사와 북한 문제에 정통한 연구자다. 일본군'위안부' 문제를 비롯한 한일 역사문제에 대해서도 많은 관심을 갖고 있다. 팔십을 넘긴 연세임에도 연구에 대한 열정은 전혀 줄어들지가 않는다. 와다 교수에게 나이는 그저 숫자에 불과하다. 이번에 발간한 이 책 역시 와다 교수의 끝없는 문제의식과 열정의 산물이다.

와다 교수는 한국을 방문할 때면 메모해 두었던 일본 잡지와 신문에 나온 한국 관련 기사들에 대해 나의 의견을 묻곤 한다. 우리의 작고 사소한 이야기도 진지한 눈빛으로 듣는다. 일본과 한국에서 발간된 모든 신문과 잡지, 연구서에 이르기까지 늘 관심의 끈을 놓치지 않는다.

역자가 처음 와다 교수를 만난 것은 2008년이었다. 당시 와다 교수는 한국의 민주화 운동에 참여했던 사람들의 인터뷰를 기획하였다. 그때 역자가 인터뷰를 하러 오신 와다 교수의 통역을 맡게 되었다. 와다 교수는 한반도 문제 전문가인 만큼 한국어를 능숙하게 읽을 수 있었고 듣고 말하는 것도 어느 정도 가능했다. 그런데도 통역을 두었던 것은 자신의 견해를 더 정확한 한국어로 표현하기 위한 그의 뜻이었다고 생각한다. 와다 교수의 질의에 대한 서중석 교수의 답변을 통역하면서 한국의 민주화 운동에 대한 와다 교수의 열정과 구체적인 활동을 알게 되었다. 글을 통해 알고 있던 와다라는 학자가 생각보다 더 크고 위대하다고 느꼈다.

와다 교수가 한국에 관심을 갖기 시작한 것은 15살

이었던 1953년이었다. 1953년 한일회담에서 일본의 수석대표였던 구보타 간이치로久保田貫一郎 대표는 일본의 식민지 지배는 한국에 은혜를 베푼 것이라고 반복해서 말하였다. 한국 대표는 구보타 대표의 발언 철회를 요구했고 일본 대표가 발언을 철회하지 않자 회담을 계속할 수 없다며 자리를 떴다. 당시 일본 언론과 정치가들은 모두 한국 대표의 태도를 비난했다. 하지만 당시 15살이었던 와다는 이러한 주장에 찬성할 수 없었다. 그는 일기에 "한국에 먼저 미안하다고 사죄하는 마음을 갖는 것이 일한회담의 기초이자 근본이다"라고 썼다. 와다 교수의 한국과의 인연은 이렇게 시작되었다. 이후 60년이 넘게 와다 교수는 고등학교 때 쓴 일기를 삶의 지표로 삼고 이것을 실천하려고 노력해 오고 있다.

와다 교수는 1980년 신군부가 내란 음모 사건으로 김대중 전 대통령에게 사형을 구형하자 사면 운동에 앞장섰다. 김대중 전 대통령, 리영희 선생, 김지하 시인, 백낙청 교수, 지명관 교수 등 한국에서 민주화 운동과 통일 운동에 관여했던 많은 사람들이 와다 교수와 깊은 인연을 맺었다. 와다 교수는 한국의 민주화 운동을 지원하면서 동시에 일본이 식민지 지배로 말미암아 발생한 문제를 적극적으로 해결해야 한다고 주장하였다.

와다 교수는 1989년 일본의 한반도 식민지 지배에 대한 반성과 사죄 국회 결의를 요구하는 국민 서명 운동을 시작했다. 그 계기가 된 것은 '쇼와 천황'의 죽음이었다. '쇼와 천황'의 이름으로 침략전쟁을 벌이고 많은 조선인들을 전쟁에 몰아넣었는데 이에 대한 사죄 없이 쇼와시대가 끝난 것이다. 와다 교수는 식민지 지배에 대한 반성과 사죄는 일본 국민의 몫이 되었다고 생각하였다. 1989년 시작된 국회 결의 요구 운동은 1995년 무라야마 도미이치村山富市 총리 담화 발표와 2010년 한일지식인 공동성명, 간 나오토菅直人 총리 담화로 이어졌다.

2018년 10월 30일 대법원이 한국인 강제동원 피해자 손해배상소송 판결에서 피해자의 손을 들어준 이후 한일관계는 한일협정 이후 최악의 상태를 이어가고 있다. 일본 정부는 한국에 대한 수출 규제를 단행하였고 한국 정부도 맞대응을 하였다. 일본 안에서 한국에 대한 불신이 고조되었다. 이러한 상황에서 와다 교수는 뜻을 같이하는 사람들과 함께 '한국이 적인가'라는 성명을 발표하여 역사적 사실에 근거한 냉정한 대응을 촉구하였다.

한국 대법원 판결을 둘러싼 한국과 일본 대립의 뿌리는 1910년 한국 강제병합 조약의 해석 문제다. 한국 정부는 강제병합 조약은 불법이고 식민지배는 부당했다고 주장한다. 반면 일본 정부는 식민지배는 부당하나 강제병합 조약은 합법이었다고 주장한다. 1965년 한일협정에서도 이 간극을 좁히지 못한 채 협약을 체결하였다. 와다 교수는 이제라도 강제병합 조약에 대한 양국의 견해를 일치시켜야 한다고 주장한다. 이러한 노력의 성과가 2010년 한일 지식인 공동성명이었다. 공동성명 발표 후에도 계속된 논의와 성과를 총괄한 것이 이 책이다. 이 작업에 주도적으로 참여한 이태진 교수님께서 이 책의 번역 내용을 검토해 주셨다. 이 자리를 빌어 감사를 드린다.

강제병합의 해석 문제는 일본이 북한과 국교정상화 교섭을 하게 되면 다시 반복될 것이다. 이 해석의 차이를 해소하는 것이야말로 과거사 문제로 갈등을 반복하고 있는 현황을 타개하는 열쇠가 될 것이다.

《한국병합 110년만의 진실-조약에 의한 병합이라는 기만》은 강제병합 조약에 대한 의견의 차이를 어떻게 해소할 것인가에 대한 와다 교수의 해답이다. 2020년은 강제병합 110년이 되는 해이다. 이 책이 1910년 강제 병합조약에 대한 인식을 공유하고 역사적 사실에 기초하여 한일 두 나라의 문제를 해결해 나가는 데 기여할 수 있기를 기대한다.

2020년 5월 11일
남상구·조윤수

저 · 역자 소개

저자

와다 하루키和田春樹

1938년 오사카 출생. 동경東京대학 문학부 졸업. 동경대 사회과
학연구소 교수, 사회과학연구소 소장 등 역임. 현재 동경대학 명예
교수. 전공은 소련·러시아사, 한국 현대사.

한국에서 출간된 주요 공·저서로는 《역사가의 탄생》, 《한일 역사
문제의 핵심을 어떻게 풀 것인가?》, 《동북아시아 공동의 집》,
《북한 현대사》, 《한일 100년사》, 《위안부 합의 이후 한일관계》,
《한국과 일본의 역사인식》, 《러일전쟁 – 기원과 개전(1·2)》 등 다
수가 있다. 일본에서는 《'평화국가'의 탄생 – 전후 일본의 원점과
변용》, 《어떤 전후정신의 형성 1938 – 1965》, 《러시아혁명 – 페트로
그라드 1917년 2월》, 《스탈린 비판 1953~56년 – 일인 독재자의 사
망이 어떻게 20세기 세계를 뒤흔들었나》 등을 출간하였다.

역자

남상구南相九

1968년생. 강원 출신. 일본 지바대학千葉大學에서 일본현대사 전
공. 박사논문은 〈전후 일본의 전쟁희생자 기억 – 국가에 의한 전몰

자 추도·현창·'보상'》(2005년)이다. 일본에서 침략전쟁의 기억이 어떻게 생산·유통·소비되는지를 분석했다. 2007년 1월부터 동북아역사재단 연구위원으로 근무하고 있다. 한일 역사문제를 담당하고 있는데, 특히 야스쿠니신사 문제, 일제 강제동원 피해자 유골 문제, 일본 교과서 문제에 관심을 갖고 연구 중이다.

저서로는 《식민청산과 야스쿠니》(공저, 2019), 《20개 주제로 본 한일역사쟁점》(공저, 2019), 《일본 정치구조의 변동과 보수화》(2017), 《한일관계사 1965−2015》(공저, 2015), 번역서로는 《일본군'위안부' 그 역사의 진실》(2013)이 있다.

조윤수趙胤修

1973년생. 서울 출신. 한림대 국제 대학원에서 정치학 석사. 일본 도호쿠대학東北大學에서 한일관계 전공. 박사논문은 〈한일 어업교섭의 국제정치−해양질서의 탈식민지화와 '국익'의 조정〉이다. 65년 한일 국교정상화 과정에서 어업협상 사례를 청구권 협상과 비교하여 분석했다. 2009년 12월부터 동북아역사재단 연구위원으로 근무하고 있다. 역사현안 문제를 담당하고 있으면서 동아시아 외교, 한일외교문제에 관심을 갖고 연구 중이다.

저서로는 《한일협정과 한일관계》(공저, 2020), 《일본군'위안부》(2019), 《20개 주제로 본 한일역사쟁점》(공저, 2019), 《한일관계사 1965−2015》(공저, 2015) 등이 있고 번역서로는 《일본의 역사인식》(2015)이 있다.

인물 및 단체 설명

● **국내 인물**

고영희(1849~1916)

　주일 공사, 1896년 농상공부대신서리, 독립협회 발기인, 1907년 도지부대신, 1908년 법부대신, 1909년 도지부대신을 역임했다. 병합 후 자작 작위를 받았다.

고종(高宗, 1852~1919)

　조선의 제26대 왕(1863~1897)이자 대한제국 제1대 황제(1897~1907). 흥선군 이하응의 아들이다. 1897년 대한제국 수립을 선포하고 연호를 광무라고 하였다. 1907년 일본의 강요로 퇴위했다.

김옥균(1851~1894)

　1881년 도일, 1883년 귀국, 1884년 갑신정변을 일으키지만 실패, 일본으로 망명했으나 1894년 상해에서 암살당했다.

김윤식(1835~1922)

　1880년대부터 외교관으로 여러 조약 체결에 관여했다. 1895년 김홍집 정부의 외부대신을 역임했다. 1896년 아관파천으로 해임, 명성황후 시해 사건을 방관하였다고 하여 유배되었다. 1907년 용서받고 중추원 의장이 되었고, 병합을 인정하지 않았지만 자작이 되었다. 1919년 하라 수상에게 편지를 보내 체포되고, 작위를 박탈당했다.

김홍집(1842~1896)

외교관으로서 임오군란 사후 처리, 미영독과의 수호조약 체결 등으로 활약했다. 1894년 내각총리대신을 역임했으며 1895년 명성황후 시해 후에도 총리가 되지만, 아관파천으로 해임되어 민중에게 살해되었다.

민병석(1858~1940)

1884년 갑신정변 때 김옥균 살해를 기도했지만 실패했다. 궁내부 특진관, 궁내부 대신, 병합 후 자작 작위를 받았다. 이왕직 장관 등을 역임했다.

박제순(1858~1916)

온건개화파, 1902년 주청 공사, 1904년 외부대신을 역임했다. 1905년 을사조약을 조인한 을사오적 가운데 한 명이다. 참정대신, 1909년 내부대신, 강제병합 후 자작 작위를 받았다.

송병준(1858~1925)

러일전쟁 때 일본군 통역, 일진회 창립에 참가했다. 강제병합 후 자작 작위를 받았다.

순종(1874~1926)

고종과 명성황후의 아들. 대한제국 제2대 황제(1908~1910). 강제병합 후에는 이왕으로 불렸다.

이범진(1852~1911)

1887년 협변내무부사, 1895년 농상공부대신. 명성황후 시해 때 러시아 공사관으로 달려가 도움을 요청했다. 고종의 아관파천을 실행하고, 법부대신, 주미, 주러 공사(1899~1905)를 역임했다. 러일 전쟁 후 귀국하지 않고 망명, 강제 병합에 항의하여 자살했다.

이병무(1864~1926)

청일전쟁 때 도일, 사관학교를 다녔다. 1905년 군부교육국장, 군부대신, 시종무관장, 친위부장관을 역임했으며, 강제병합 후 자작 작위를 받았다.

이완용(1858~1926)

1887년 주미 대리 공사, 1895년 학부대신, 1896년 아관파천으로 신러파로서 외부대신, 1901년 궁재부 특진관, 1905년 학부대신이었으며, 을사조약 체결을 지지한 을사오적 가운데 한 명이다. 1907년 총리대신이 되었다. 1909년 피습을 받았다. 1910년 강제병합 조약 조인 이후 백작이 되었고 나중에는 후작 작위를 받았다.

이용구(1868~1912)

1890년 동학 입교, 갑오농민전쟁 실패 이후 진보회를 만들었다. 1904년 일진회를 결성했고, 러일전쟁에서 일본군에 협력했으며 한일 합방을 주장하고 운동했다.

이용식(1852~1932)

의주 부윤, 개성 유수, 춘천 관찰사, 1902년 의정 윤용희의 무능을 탄핵, 쇠섬으로 유배되었으나 용서받고 궁내부 특진관이 되었다. 1909년 학부대신으로서 병합에 저항하였지만 병합 후 자작, 중추원 고문이 되었다. 1919년 하라 수상에 편지를 보내고 체포되어 작위를 박탈당했다.

이인식(1862~1916)

1900년 일본 유학, 러일 전쟁에 일본군 통역으로 종군했다. 1906년 만세보 주필이었고, 1907년에 대한신문을 창간했으며, 1908년에 신극운동을 전개했다. 1910년 이완용 총리의 사설 비서가 되었다.

이재명(1845~1912)

대원군의 장남이자 고종의 형. 1882년 임오군란 때 무위대장으로서 사태를 수습했다. 1884년 갑신정변 때는 좌찬성 겸 좌우찬성, 1894년 궁내부대신을 역임했다. 1900년 원흥군, 1910년 흥군이 되었다.

조민희(1859~1931)

1895년 장연 부사, 1900년 궁내부 특진관, 주불 공사, 1904년 주일 공사, 1907년 승녕부 총관이었으며, 강제병합 후 자작 작위를 받았다.

조정구(1862~1926)

강제 병합 때 궁내부 관직에 있었지만 병합에 반대하여 남작 작위를 거부, 관을 사직하고 은거했다. 1919년 고종 사망 후 중국으로 망명했다가 1926년 귀국했다.

조중응(1860~1919)

1896년 일본으로 망명, 농업기술을 배웠다. 1906년에 귀국하여, 1907년 법부대신, 1908년 농상공부대신, 강제병합 후 자작 작위를 받았다.

황현(1855~1910)

호는 매천. 1885년 생원식에 수석 합격하였지만 시국을 한탄하며 은둔하였다. 강제병합에 항의하여 절명시 4편을 남기고 자결했다. 사후 《매천집》이 간행되었으며, 《매천야록》은 1955년에 간행되었다.

● 국외 인물

가쓰라 다로(桂太郎, 1848~1913)

조슈長州 번사. 유신 후 독일에 유학했다. 1874년 육군 입대, 1886년 육군 차관, 1892년 제3사단장, 1896년 타이완 총독, 육군 대신(1898~1900), 수상(1901~1906, 1908~1911, 1912~1913)을 역임했다. 육군 대신 재임 당시 영일동맹을 체결하여 러일전쟁 승리를 주도했다. 해군을 확대하는 정책을 취했으며, 대한제국 식민지배의 기초를 만들었다. 1911년 4월 한국 강제병합의 공으로 공작 작위를 받았다.

가토 다카아키(加藤高明, 1860~1926)

아이치현愛知縣 출신. 도쿄제국대학을 졸업하고 주영 공사, 외무상(1900~1901), 1924년 수상 등을 역임했다.

고다마 히데오(兒玉秀雄 1876~1947)

조선총독부의 총무국장, 정무통감을 역임했다.

고마쓰 미도리(小松緑, 1865~1942)

아이즈会津 출신. 게이오기주쿠를 졸업하고 미국 유학 이후 외무성에 들어갔다. 주미 공사관 서기관, 통감부 외무부장, 총독부 외무부장, 중추원 서기관장 등을 역임했다.

고무라 주타로(小村壽太郎, 1855~1911)

미야자키현宮崎県 출신. 도쿄제국대학을 졸업하고 미국에서 유학했다. 미국 공사, 한국 공사(1895~1896), 러시아 공사(1900), 청국 공사, 외무상(1901~1905)을 역임했다. 청일전쟁 후 변리공사辨理公使로 조선에 근무하면서 을미사변의 선후책을 준비했다. 1896년 5월 조선의 내정에 간섭하는 경우에는 러시아와 일본이 공동으로 대응한다는 이른바 베르베르-고무라 협정을 성립시켰으며, 한국 강제병합을 추진했다.

고쿠분 쇼타로(国分象太郎, 1862~1921)

1882년 조선공사관 통역으로 출사하여, 1906년 통감부 서기관, 통감비서관, 1910년 총독부 인사국장, 1915년 이왕직 서기관, 동 차관을 역임했다.

고토 신페이(後藤新平, 1857~1929)

이와테현岩手県 미즈사와水澤 출신. 의학교를 졸업하고 아이치현 의학교 교장, 1882년 내무성에 들어가 1892년 동성 위생국장, 1898년 타이완 총독부 민정장관, 1906년 남만주철도 총재, 1908년 체신상, 철도원 총재 겸 식산국 부총재, 1918년 외무상, 1919년 식산대학 학장, 1920년 도쿄시장, 1923년 내무상 겸 제도부흥원 총재를 역임했다. 1928년 소련을 방문하여 스탈린과 회견했다. 귀족원 의원.

구라치 데쓰키치(倉知鐵吉, 1871~1944)

도쿄제국대학을 졸업하고, 1897년 외무성에 들어가 정무
국장(1908~1912), 차관(1912~1913), 귀족원 의원을 역임했
으며, 한국 강제병합 관련 외교문서를 작성했다.

다치 사쿠타로(立作太郎, 1874~1943)

도쿄제국대학 졸업. 1900년 외교사 연구를 위해 영국, 독일,
프랑스에서 유학했다. 귀국 후 동경제국대학 교수로 외교사와
국제법을 담당했다. 1904년 동 대학 교수, 1918년 파리강화회
의 수행원이었다.

데라우치 마사타케(寺內正毅, 1852~1919)

조슈 번사. 세난西南 전쟁에 종군했으며, 프랑스에서 유학했다.
1887년 육군사관학교장, 청일전쟁 때 대본영 운수통신 장관,
1900년 참모본부 차장, 육군 대신(1901~1905, 1908~1911), 한국
통감(1910), 초대 총독(1910~1916), 수상(1916~1918)을 역
임했다.

모토노 이치로(本野一郎, 1862~1918)

도쿄외국어학교를 졸업하고 프랑스 리용대에 유학했다. 1890
년 외무성에 들어가 벨기에·프랑스(1901), 러시아 공사(1906
~1916), 외무상(1916~1918)을 역임했다.

블라디미르 람스도르프(Vladimir Lamsdorf, 1844~1907)

백작, 페테르부르크제대 청강생. 1866년 외무성에 들어가 외무
상 비서, 관방장, 심의관, 1897년 차관, 1898년 외무상 대행,
외무상(1900~1906)을 역임했다.

사이토 마코토(齋藤実, 1858~1936)

이와테현 미즈사와 출신이며 해군병학교를 졸업했다. 1884년
주미 해군 무관, 해군 차관(1898~1906), 해군대신(1906~
1914)을 역임했다. 조선총독(1919~1927, 1929~1931) 시절
인 1919년 강우규가 던진 폭탄에 맞았다. 수상(1931~1934),
내대신(1935~1936)을 역임했으며, 1936년 2·26 사건으로 반
란군 장교에 의해 살해되었다.

소네 아라스케(曾祢荒助, 1849~1910)

조슈 번사. 유신 후 프랑스 유학을 다녀온 뒤 1879년 육군성
에서 근무를 시작했다. 1881년 태정관 서기관, 1892년 중의원
의원, 부의장, 1898년 사법상, 재무상(1901~1906), 1907년 한
국 통감 부통감, 1909년 한국 통감이 되었다.

시어도어 루스벨트(Theodore Roosevelt, 1858~1919)

하버드대를 졸업하고 1881년 하원 의원이 되었으며, 1897년
해군 차관이 되었고, 뉴욕 주지사를 거쳐 대통령(1901~1909)
이 되었다. 1906년 포츠머스강화를 중개한 공으로 노벨평화상
을 수상했다.

아다치 겐조(安達謙蔵, 1864~1948)

쿠마모토熊本 출신의 일본의 정치가. 무로타 부산총영사의 추
천으로 조선시보를 발간했으며, 이노우에 가오르 공사의 협력
으로 1894년 한국에서 한성신보를 발간했다. 미우라 고로 공사
의 의뢰를 받고 명성황후 시해 사건에 연루되어 히로시마廣島
감옥에 수감되었다가 곧 풀려나 정치가로 활동했다.

아리가 나가오(有賀長雄, 1860~1921)

도쿄제국대학 졸업, 원로원 서기관을 거쳐 베를린대학에서 유학했다. 농상무성 특허국장, 청일·러일 전쟁 때 정부 법률 고문이었으며, 1903년 황실 제도 조사국 어용괘(御用掛, 궁내성 등의 명령을 받고 일을 담당하는 직업-번역자 주)였다.

아카시 모토지로(明石元二郎, 1864~1919)

후쿠오카福岡 변사. 육군사관학교를 졸업하고 독일에서 유학했다. 미국-스페인전쟁 관전 무관, 1901년 프랑스 주재 무관, 1902년 러시아 주재 무관이었으며 러일전쟁 때 대러 첩보 모략을 공작했다. 1910년 통감부 헌병 사령관, 경무총장, 1914년 참모 차장, 제6사단장, 1918년 타이완 총독을 역임했다.

야마가타 아리토모(山県有朋, 1838~1922)

조슈 변사. 군인, 육군경, 수상(1889~1891, 1898~1900)을 역임했다.

야마가타 이사부로(山県伊三郎, 1858~1927)

야마가타 아리토모 누나의 아들이며, 양자. 독일 유학 후 내무성에 들어갔다. 체신상(1906~1908), 귀족원 의원, 한국 통감부통감(1910), 총독부 정무총감(1910~1919)을 역임했다.

오가와 헤이키치(小川平吉, 1870~1942)

변호사, 1901년 동아동문서원 창립에 참여했으며, 1905년 히비야日比谷 방화 사건 주모자로 구속되었다. 1910년 정우회 가입, 1915년 동 간사장, 1925년 사법상, 철도상(1927~1929)을 역임했다.

우치다 료헤이(內田良平, 1874~1937)

후쿠오카현福岡県 출신. 천우협天佑俠에 참가하여 조선에서 활동했다. 1901년 흑룡회를 창립하고, 《러시아 망국론》을 출판했다. 1906년 이토 통감에게 협력하고, 일진회 고문이 되어 합방운동을 전개했다.

이시카와 다쿠보쿠(石川啄木, 1886~1912)

이와테현 시부타미渋民 출신. 중학교 졸업 후 가인의 길로 들어섰다. 1906년 고향 마을 소학교 교원, 나중에 홋카이도北海道에서 신문기자로 활동했다. 1910년 대역사건으로 사회주의의 영향을 받았으며, 1911년 시 〈끝없는 논쟁 후에〉를 발표했다. 결핵성 복막염으로 사망했다.

이즈볼스키(Aleksandr Petrovich Izvokkii, 1856~1919)

알렉산드르 리체이를 졸업하고 1875년 외무성에 들어갔다. 바티칸 공사, 세르비아 공사, 주일 공사(1900~1902), 외무장관(1906~1910)을 역임했다.

이토 히로부미(伊藤博文, 1841~1909)

조슈번 출신으로 영국에 유학했다. 내무경, 수상(1885~1888, 1892~1896, 1898, 1900~1901)을 역임했다. 조선에 을사늑약을 강요하고 헤이그특사 사건을 빌미로 고종을 강제로 퇴위시켰다. 한국 통감(1905~1909) 시절인 1909년 10월 26일 안중근에게 사살되었다.

하라 다카시(原敬, 1856~1921)

모리오카盛岡 출신. 사법성 법학교를 졸업하고 1882년 외무성에 들어갔다. 1890년 통상국장, 1895년 차관, 1898년 오사카 마이니치신문사 사장, 1900년 정우회 간사장, 체신상, 1902년 중의원 의원, 1914년 정우회 총재, 1918년 수상을 역임했다. 1921년 도쿄역에서 암살당했다.

하야시 곤스케(1860-1939)

1887년 외무성에 입성. 1899년 이후 한국공사로 재임하면서 한일의정서 제1차, 제2차 한일협약을 체결할 때 대한정책을 추진했다.

하야시 다다스(林董, 1850~1913)

막부 어전의御典醫 양자로 영국에서 유학했다. 에노모토榎本 군사관, 외무차관, 청국·러시아(1897), 영국 공사(1900~1905), 외상(1906~1908) 등을 역임하였으며 제3차 한일협약 체결을 주도했다.

◉ **단체**

일진회一進会

조선 말기 친일 정치단체. 1884년 갑신정변 때 일본으로 도망 간 송병준이 러일전쟁 때 일본인 통역을 위해 들어온 뒤 친일 단체 결성을 계획하여 1904년 일진회를 만들었다. 러일전쟁 시기에는 일본군의 활동을 도왔고 1905년 10월 일본의 지도보호에 의지하는 것 말고는 조선의 살 길이 없다는 선언서를 발표해 조선인들의 거센 비난을 받았다.

흑룡회(黑龍会, 고쿠류카이)

　모임의 명칭은 흑룡강에서 유래했다. 1901년 2월 조선에서 활동하던 우치다 료헤이內田良平, 요시쿠라 오세이吉倉汪聖, 다케다 한지武田範之 등이 일본의 대외 침략주의 이념을 실현하기 위해 조선·만주·시베리아에서 활동하고 있던 낭인들을 규합하여 조직했다. 흑룡회는 러시아에 대한 개전론을 열렬히 주창하는 한편, 조선병합론을 더욱 발전시켜 이른바 대아시아주의를 제창했다.